Guía para papás del cuidado del bebé

Grijalbo

Colin Cooper

Sumario

**Este libro es para
Imogen, Camille y Cameron**

Publicado por primera vez en el Reino Unido en 2008
por Carroll & Brown Publishers Limited

Edición de arte Emily Cook

Fotografías Jules Selmes

© 2008, Colin Cooper, por el texto
© 2008, Carroll & Brown Limited
© 2009, Random House Mondadori, S.A.,
por la presente edición
Travessera de Gràcia, 47-49. 08021 Barcelona
© 2009, Fernando Davín Pérez, por la traducción

Fotocomposición: Compaginem

ISBN: 978-84-253-4301-8

Depósito legal: B.4.616-2009

Impreso en Grafomovi y encuadernado en Reinbook

GR 43018

Introducción   4

1   **¡Ese es mi bebé!**   **5**
¿Qué aspecto tendrá tu bebé?   6
Las necesidades de tu bebé   8
Lo que tu bebé sabe hacer   10
Qué tipo de relación podéis tener   12

2   **¡De repente, soy papá!**   **13**
Reacciones emocionales   14

3   **¿Cómo establezco vínculos
con mi bebé?**   **23**
Cercano y personal   24

4   **¿Qué puedo hacer por mi bebé?**   **29**
Cogerle en brazos   30
Aseo y baño   34
Cambio de pañales   38
Vestir a tu bebé   40
La alimentación   44
Entretener a tu bebé   54
Proteger a tu bebé   56

5 ¿Cómo debo afrontar su llanto? 59
Comprender el llanto de tu bebé 60

6 El sueño 65
El descanso y tu bebé 66

7 Salir de casa 69
Viajar con tu bebé 70

8 Mi bebé ha crecido 73
Tu hijo empieza a caminar... 74
Cubrir las necesidades de
   tu pequeño 76
Lo que tu hijo pequeño sabe hacer 79
Vestir a tu hijo 82
La alimentación 85
Las actividades y el juego 87
La hora de dormir 90
Salir de casa 92
Enseñarle a usar el orinal 94

La seguridad 97
Mantener a tu hijo a salvo 98

9 Mi nuevo mejor amigo 101
Dos son compañía 102

10 Cambios de comportamiento 109
Ser el modelo que imitará 110
El tema de la disciplina 112

11 Guía de salud del bebé 119
Velar por la salud de tu bebé 120

Índice 128
Agradecimientos 128

Introducción

Las mamás primerizas piensan que los papás novatos son unos inútiles. ¿Tienen razón? Bien, ya que en este manual se abordarán los temas tratando de generalizar, la respuesta a esa pregunta sería «sí», pero no es un problema irresoluble.

Debemos aceptar que las mujeres serán, por naturaleza, las principales cuidadoras. Están biológicamente reguladas para esa función, y el cuerpo femenino ofrece todo lo que un recién nacido necesita para sobrevivir. Pero ello comporta una gran tensión para las madres y puede ser un problema para los dos padres. Toda mamá necesita ayuda, si bien, por otra parte, tendrá la impresión de que ella es la única persona capaz de hacer el trabajo como es debido. Quizá el papá se sienta excluido en tal caso, y puede que se convierta de verdad en un «inútil».

Tan pronto como le sea posible, el papá novato debe dejar claras sus intenciones de participar plenamente en el cuidado de su hijo y, acto seguido, en cuanto el bebé haya nacido, esforzarse por cumplir esa promesa. Tanto el padre como la madre necesitan tener la certeza de que las responsabilidades del cuidado del bebé y de la casa serán compartidas.

Casi todas las nuevas mamás creen que podrán hacer las cosas más rápido que nadie (probablemente estén en lo cierto), de modo que rechazarán la ayuda que se les brinde incluso si están desesperadas. Si la ofreces a tu pareja, quizá te diga que no tiene tiempo de enseñarte lo que hay que hacer, que le resulta estresante. Pero esto no solo significa que te quedarás al margen sino, además, que no tendrás la oportunidad de aprender. Por esas razones, deberás insistir en participar y tendrás que demostrar que sabes ocuparte del bebé; de ese modo, ella comprobará que tienes algo que ofrecer. La mayoría de los padres aprenden a cuidar a su hijito por el método de ensayo y error, ensayo y error, ensayo y error. Este libro tiene la intención de proporcionarte un atajo hacia la sabiduría de los papás experimentados, que han aprendido por el camino difícil.

Algunos consejos te serán de utilidad inmediatamente, mientras que otros te funcionarán un día pero no al día siguiente. Y habrá propuestas que, sencillamente, no se ajustan a tus necesidades. No pasa nada, ya que no existen reglas para criar a los bebés y cada bebé es diferente. Sin embargo, algunas veces las ideas más improbables funcionan cuando menos lo esperas, así que es bueno probar con diferentes enfoques.

Este manual también incluye capítulos en los que se explican todas las técnicas básicas y, además, se ofrecen consejos importantes para hacerte pensar un poco, como la forma de afrontar la responsabilidad de ser para tu hijo un modelo para imitar. Pronto aprenderás lo que tienes que hacer y cómo hacerlo. Lo único que precisas es práctica. Asimismo, puedes adaptar nuestro planteamiento discutiéndolo con tu pareja. En pocas palabras, este libro debería proporcionarte todo lo imprescindible para que te conviertas en un papá útil.

¡Suerte!

1

¡Ese es mi bebé!

—

¿Qué aspecto tendrá tu bebé?

¿Será niño o niña? ¿Quizá parecerá un… alienígena? Piensa en el aspecto que tendrías si hubieras pasado nueve meses inmerso en una bañera de agua caliente y de pronto te vieras obligado a salir por el agujero del desagüe; sin duda tú también estarías irritado, enrojecido, hinchado y lleno de moratones. Por supuesto, es posible que tu hijito sea un bebé precioso desde el primer minuto. Pero si no lo ves así, seguro que serán otros miembros de tu familia los que te convencerán de que tu pequeño es ¡increíblemente guapo!

PON EN ORDEN TUS PRIORIDADES

Las primeras horas después del nacimiento son principalmente para la recuperación y el consuelo. Tu bebé tiene que adaptarse al nuevo mundo, tu pareja necesita desesperadamente un descanso y es posible que tú estés un poco traumatizado. Habrá asuntos prácticos de los que tendrás que ocuparte, pero cíñete a las necesidades inmediatas de tu nueva familia, en lugar de apresurarte a buscar «algo que hacer». Lo que más agradecerá tu pareja es que le dediques plena atención a ella y al bebé, y que les demuestres y les digas cuánto les quieres. Por descontado, tu «aceptación» del bebé es fundamental para comenzar una relación familiar con buen pie. Tu pareja necesita sentir que ella y el recién nacido cuentan con tu apoyo incondicional durante los años que habrán de venir, así que comienza a actuar tal y como lo harás en el futuro, y dedica algo de tiempo a decirle cómo te sientes y a escucharla cuando te cuenta cómo se siente ella.

La cabeza Puede que el cráneo de tu bebé esté un poco aplastado, pero es lo normal cuando ha nacido por el conducto vaginal, e incluso en partos por cesárea. No te preocupes, ya que esa deformación, y los hematomas de los bebés que nacen con fórceps o con ventosas, desaparecerán poco a poco.

Las fontanelas Son dos áreas blandas, donde puede sentirse el pulso, localizadas en el cráneo del bebé. Le aportan la flexibilidad necesaria para adaptarse al canal del parto. Las fontanelas no se sueldan del todo hasta los dos años, aproximadamente, pero están protegidas por una membrana muy resistente.

El pelo La cabeza de tu bebé podría estar totalmente cubierta de pelo o no tener ni un solo cabello. Sea como sea, pronto se verá sustituido por pelo nuevo, que puede ser de color y textura diferentes.

Las orejas Quizá algunos de sus bordes estén plegados en el momento del nacimiento, pero pronto irán recuperando su forma natural.

Los ojos Podrían estar inyectados en sangre o ser saltones, y es posible que tu pequeño no abra los dos a la vez. La mayoría de los bebes caucásicos suelen tener ojos azul oscuro al principio, mientras que casi todos los bebés africanos o asiáticos tienen ojos de color gris oscuro o marrones al nacer. El verdadero color de los ojos de tu hijo no aparecerá hasta pasados unos seis meses.

La nariz Posiblemente estará aplastada.

La boca No es lo habitual, pero podría suceder que tu bebé naciera ya con un diente, que tendría que ser extraído.

La piel El aspecto de la piel de tu bebé será diferente dependiendo de si ha nacido prematuro, en su fecha o más tarde. Quizá aprecies en su piel lanugo, un vello fino, y vérnix, una grasa blanca protectora. Cuanto más tiempo haya pasado en el útero materno, menos probable será que presente estas características al nacer.

El pecho Quizá los pezones de tu bebé estén hinchados y produzcan secreciones debido a las hormonas.

El cordón umbilical El muñón del cordón umbilical estará pinzado para evitar que sangre. Pronto se secará, se volverá de color negro y finalmente se caerá.

Los genitales Suelen estar hinchados debido a las hormonas del parto.

Los dedos Los dedos y las uñas de los bebés están perfectamente formados al nacer. Puede que las uñas estén afiladas y a veces presenten un color azul que desaparecerá en pocos días.

La postura Las rodillas de tu bebé estarán recogidas hacia el cuerpo.

Los pies Perfectamente formados al nacer, los pies y los deditos parecen delicados, pero pueden ser muy flexibles.

La historia de Mike

Cuando nació mi hija, parecía como si hubiera sido golpeada y estaba llena de moratones. Había sido un parto largo, difícil y con fórceps. Era una cosita tan pequeñita... Era increíble lo fuerte que había tenido que ser para superar todo aquello. Las marcas de los fórceps se veían claramente en su cabeza, y su piel parecía muy irritada. Fue una experiencia traumática para todos nosotros, pero después de unas semanas habían desaparecido las marcas y las rojeces, y ya podíamos ver lo bonita que de verdad era.

Las necesidades de tu bebé

Cuando haya nacido tu bebé, necesitarás saber cómo «funciona» para que puedas asegurarte de cubrir todas sus necesidades. De hecho, estas se reducen a una pequeña lista de tres elementos: comida, sueño y contacto humano. También necesita que se le cambie el pañal entre seis y doce veces al día, pero seguramente ya sabías esto. Si tú tienes una buena comprensión de los asuntos de tu bebé, tendrás la posibilidad de intervenir para echar una mano cuando se presente la ocasión. Tu pareja verá confirmado que tienes un auténtico interés en desarrollar tus habilidades para el cuidado de vuestro hijo. Además, cada minuto que interactúes con tu bebé será una oportunidad de desarrollar la relación existente entre vosotros. Sabrás cuáles de las tres necesidades básicas reclama tu pequeñín en cada momento porque él se encargará de instruirte mediante el ancestral método del llanto.

Comida

La media habitual de un bebé es de unas 12 «comidas» al día, ya que está entrando en un período de crecimiento rápido tras abandonar el útero materno. De hecho, durante los primeros días de vida, el peso de tu bebé bajará en torno a un 10 por ciento, pero pronto lo recuperará en las dos semanas siguientes. A partir de entonces, su peso irá aumentando rápidamente durante el primer año, y con frecuencia este aumento será de medio kilo a la semana.

Tu bebé puede vivir exclusivamente de leche durante al menos los primeros seis meses, antes de comenzar un destete gradual e introducir en su dieta alimentos sólidos. Tanto la leche materna como la de biberón contienen todo lo que tu hijito necesita para desarrollarse, aunque solo la leche materna le aportará los ingredientes naturales que fortalecerán su sistema inmunitario.

Sueño

Los bebés necesitan dormir mucho. Y a menos que tu hijito tenga algún problema como podrían ser los cólicos, que llegan a hacerle llorar durante horas, quizá te preguntarás a qué venían tantas historias sobre las noches en vela. De hecho, tu permiso de paternidad podría ser una temporada de lo más tranquila.

15 Es la media de horas que duerme un bebé cada día durante los tres primeros meses de vida.

Tu bebé está creciendo muchísimo; el nacimiento fue una experiencia traumática, y ahora está aprendiendo una forma nueva de vivir. Aun así, quizá se despierte cada tres o cuatro horas, tanto de día como de noche. Esa es la parte difícil.

De forma gradual, se irán reduciendo las horas de sueño que precisa, pero a los tres años seguirá necesitando unas doce horas de sueño nocturno. El reto para ti y para tu pareja es el de educarle en buenos hábitos de descanso para aseguraros de que cuando llegue a los tres años no siga despertándoos en mitad de la noche.

Contacto humano

Son numerosos los estudios que demuestran la importancia del contacto humano para la salud

100 Es la cantidad de excrementos, en kilogramos, que un bebé medio produce durante sus primeros dos años y medio de vida (además de unos 250 litros de orina).

Es el peso medio en kilogramos que soportas al llevar en brazos a un niño de seis meses de edad. A los 18 meses, la media de peso es de 12 kilogramos.

mental y física de los bebés. Arrancado del confortable útero materno, tu bebé necesitará toda la seguridad y consuelo que se le pueda dar para que se sienta más feliz en el mundo exterior.

Es posible que pienses que deberías desarrollar enseguida su sentido de la independencia, pero si le dejas llorar a edades tempranas, únicamente le harás sentir que está solo en el mundo y que nadie le quiere. Por otra parte, al sostenerle y abrazarle le haremos sentirse seguro a nivel emocional. De hecho, tu bebé ansiará que le cojan durante los seis primeros meses, ya que intenta recrear la sensación de seguridad y el movimiento que experimentaba mientras estaba en el útero de la madre.

Instinto de supervivencia

Tu bebé presentará una serie de reflejos durante sus seis primeros meses de vida. Todos ellos están destinados a cubrir sus necesidades básicas. De hecho, se trata de instintos de supervivencia que han estado presentes en los humanos desde el principio de los tiempos.

El reflejo de agarrar. Si colocas tu dedo en la palma de la mano de tu bebé, lo agarrará firmemente. Su agarre puede ser tan fuerte que casi podrás levantarlo por los brazos. Este reflejo suele desaparecer transcurridos unos cuatro meses.

El reflejo de marcha. Si sostienes a tu bebé verticalmente por debajo de sus brazos y dejas que sus pies toquen una superficie plana, hará el gesto de dar pasos e intentará avanzar hacia delante. Este reflejo suele desaparecer a los dos meses de edad.

El reflejo de succión. El instinto natural del bebé le impulsa a succionar todo lo que se le introduzca en la boca, ya sea el pecho de su madre, una tetina de biberón o un dedo. De modo que una succión enérgica es señal de que el bebé está sano.

El reflejo de Moro. Cuando tu bebé se sobresalte extenderá hacia los lados las manos totalmente abiertas. Luego, recogerá sus brazos sobre su pecho, con los puños apretados, y probablemente finalizará con un episodio de llanto.

El reflejo de buceo. A pesar de que no debes probarlo, si colocaras a tu recién nacido bajo la superficie del agua durante un corto período de tiempo, nadaría felizmente, ya que su glotis se cierra de manera automática al sumergirle en el agua.

El reflejo de orientación y búsqueda. Si acaricias a tu bebé en la mejilla, se girará hacia ti e intentará succionar tu dedo, eso lo anima a buscar el alimento y comer. Este reflejo dura todo el período de lactancia.

Lo que tu bebé sabe hacer

Durante las seis primeras semanas de vida de un bebé, su principal objetivo es el de aclimatarse a un mundo diferente al del seno materno. Se ha pasado nueve meses flotando en un medio que le ha aportado lo que necesitaba; ahora tiene que llorar para conseguir la comida y todo lo demás.

Conforme se vaya encontrando más cómodo, comenzará a explorar su propio cuerpo y el nuevo entorno. Con tu ayuda, se desarrollará tan deprisa, mental y físicamente, que a veces notarás cambios de un día para otro. Tu bebé se mantendrá a punto de dar el paso durante un tiempo, casi como si fuera almacenando información. Luego, se producirá el salto y comenzará a hacer cosas que el día anterior ni habrías imaginado. Pero todos los niños son diferentes y desarrollan las habilidades a diferente ritmo si fuera necesario. Algunos bebés caminarán alrededor de los 10 meses, pero es posible que necesiten más tiempo del normal para desarrollar capacidades lingüísticas, mientras que otros balbucearán con bastante seguridad a los 18 meses pero no comenzarán a andar hasta que casi hayan cumplido los dos

SEMANA 4
Mira atentamente mientras se alimenta y cuando se le habla. Deja de llorar si se le coge y se le habla. Cuando está acostado sobre su barriguita, puede levantar la cabeza.

SEMANA 6
Tu bebé comienza a reconocerte y te sonríe, incluso si no le hablas. Cuando sonríes y le hablas al mismo tiempo, a menudo te sonríe y hace gorjeos.

SEMANA 8
Posiblemente se mira las manos, las abre, coge una con la otra y juguetea con sus dedos. También puede enfocar y seguir un juguete colocado a unos 20 centímetros de su cara. Esta es una fase importante para el aprendizaje de la conexión entre lo que puede ver, oír y tocar.

SEMANA 10
Comienza a interesarse por lo que sucede a su alrededor. Se mantiene despierto durante más tiempo.

MES 3
Mira hacia arriba mientras se alimenta. Comienza a prever las cosas que le gustan; por ejemplo, se inquieta cuando ve el biberón.

MES 4
Demuestra curiosidad por las cosas nuevas y se las lleva a la boca. Le gusta botar sobre sus pies mientras le sostienes en vertical. Es posible que comience a elevar las rodillas y a empujar con sus pies, a levantar los hombros para empujar con las manos. Puede enfocar un campo visual mayor y controla la forma de sus manos para sostener objetos con facilidad. Es posible que comience a llorar cuando sales del cuarto.

MES 5
Los músculos de su espalda se habrán fortalecido y es capaz de sentarse cómodamente, siempre y cuando tenga algo de apoyo en la base de su columna. También puede girar su cabeza de lado a lado.

MES 6
Posiblemente se pone nervioso al oír la voz de las personas a las que conoce bien. Se ríe y comienza a utilizar sus manos para explorar texturas diferentes. Estira una o las dos manos para coger un juguete. Puede levantar su cabeza, el pecho y la barriguita del suelo si está tumbado boca abajo.

años. Esta imprecisión es en parte lo que hace tan fascinante la observación del desarrollo de tu bebé, y su primer año será probablemente uno de los más emocionantes de tu vida. Por esa razón, intenta participar tanto como te sea posible y procura no perderte sus primeras sonrisas, gateos, pasos y «palabras», que serán grandes acontecimientos que se grabarán indeleblemente en tu memoria.

HABLEMOS SOBRE | ESTAR AL DÍA DE LOS CAMBIOS

Volver al trabajo resultará traumático para todos, y te preguntarás cómo podrás mantenerte al día con los desarrollos de tu hijo cuando pasas tanto tiempo fuera de casa. Tu pareja está totalmente dedicada al cuidado de vuestro bebé las veinticuatro horas del día, y es posible que no siempre se dé cuenta de los cambios que serían significativos para ti. Anima a tu pareja a escribir un diario sencillo. El diario sería de gran ayuda para mantenerte informado; además, a tu pareja le serviría para expresar sus sentimientos y la ayudaría a liberar sus tensiones, y, por supuesto, sería un maravilloso registro de un período de vuestras vidas que podréis volver a recordar en el futuro.

MES 7

Empieza a usar sus dedos para agarrar y sostener. Quizá repite sílabas que suenan como palabras, por ejemplo, «ma-má» o «pa-pá». Comienza a usar la cuchara. Probablemente es capaz de sostenerse en posición de gateo usando una mano.

MES 8

Consigue mantenerse sentado durante períodos largos sin apoyo y se inclina hacia delante para coger objetos. Puede levantarse a cuatro patas y realizar una serie de movimientos, como empujar, rodar y girar. Empieza a gatear o a arrastrarse por el suelo sobre su barriguita o su trasero.

MES 9

Logra levantarse del suelo ayudándose de los muebles. Gatea o se arrastra sobre su trasero. Quizá reconoce su nombre. Juega a «cucú… ¡aquí está». Disfruta usando sus manos para comer. Puede señalar, dar palmas y decir adiós con la mano.

MES 10

Es capaz de sostener todo su peso si se le sujeta en vertical, pero no tiene equilibrio. Puede abrir la mano para soltar un objeto y le gusta tirar las cosas que consigue coger. Dejará de hacer algo si oye la palabra «no».

MES 11

Empieza a ponerse de pie y es posible que se mantenga en un mismo punto sin andar. Posiblemente avance de lado.

MES 12

Empieza a sostenerse de pie por sí solo y quizá dé algunos pasos sin ayuda. Puede coger objetos pequeños, lanzar cosas y llenar y vaciar recipientes. Quizá diga su primera palabra, identificando un objeto o a una persona. Probablemente te dará un objeto si se lo pides. Escucha y señala en los libros los objetos que le son conocidos. Devuelve abrazos cariñosos cuando se le abraza.

Qué tipo de relación podéis tener

Durante las primeras horas de vida de tu bebé, hay muchas posibilidades de que te oiga hablar y de que se gire hacia ti. No puede verte bien, pero reconoce tu voz. Durante una gran parte del tiempo que pasó en el útero materno, podía oír los sonidos que procedían del exterior de su cuerpo. Uno de los sonidos que oyó con mayor frecuencia era tu voz. Ya eras parte de su vida y de su entorno antes de haber nacido. Ahora te toca a ti seguir desarrollando esa relación.

Es probable que te sientas un poco torpe al principio, ya que no tienes una función clara, aparte de la de seguir apoyando a tu pareja tal y como hiciste durante el embarazo y el parto. Mientras tanto, tu bebé solo parece interesado en alimentarse de su madre, así que, ¿qué puedes hacer tú para desarrollar vuestra relación?

Tal y como he explicado, es probable que tu bebé haya reconocido tu voz, pues la oyó desde el seno materno. En esa etapa, su oído estaba más sintonizado para frecuencias bajas, por lo que tu voz, más grave, debería haber sido más audible. Aun así, y porque estaba dentro de la madre, la voz de ella le llegaba de forma más directa, a pesar de tener un tono más agudo. La situación es parecida ahora que ya está fuera de su madre. Durante las primeras semanas y meses, tu bebé

sabrá que tú estás con él, pero su relación más directa será con su madre, a quien sabe que debe agarrarse si quiere sobrevivir.

Por lo tanto, para que tú, como nuevo padre, puedas sacar el máximo provecho de las limitadas oportunidades que tienes de establecer una interrelación con tu bebé, es importante que comprendas de qué forma se relaciona contigo.

- La clave está en colocarse muy cerca. Tu bebé solo puede ver a unos 20 centímetros delante de él, por lo que deberás ofrecerle la mejor visión posible. De hecho, los bebés pueden imitar expresiones de la cara del padre en la primera hora desde su nacimiento. Esto no solo indica que los recién nacidos están más desarrollados de lo que pensamos, sino también que deberíamos animar a los padres a realizar mayores esfuerzos por comunicarse con sus pequeños.

- Su sentido del tacto todavía se está desarrollando, pero notará que la piel de tu cara es menos fina que la de su madre. Procura tener cuidado de no irritar su piel.

- En cuanto al olfato, ya tenía esta capacidad incluso cuando estaba en el útero materno, pero no te reconocerá por tu olor de la forma que reconoce el de la madre. Si le sostienes pegado a ti, le será más fácil registrar tu olor en su memoria.

- Llevarle en brazos y mecerle suavemente será una forma fantástica de reforzar todos estos vínculos a un mismo tiempo. Además, el movimiento le ayudará a ir desarrollando su sentido del equilibrio.

- También es muy importante que le hables o le cantes a la par que le acunas en tus brazos. Cuando tú puedas darle de comer, será la combinación perfecta de atenciones de su papá. Hasta entonces, déjale tu meñique para que lo succione cuando necesite que le reconforten.

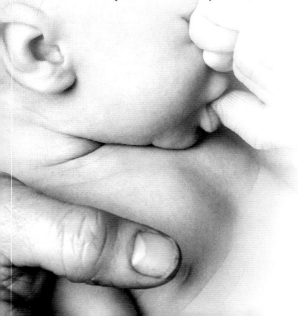

2

¡De repente, soy papá!

Reacciones emocionales

¿Cómo te sientes? Esta es una pregunta que suele hacerse a los padres en las primeras semanas desde el nacimiento, aunque, en realidad, no se espera de ellos una respuesta ya que se trata de una broma, más que de una auténtica pregunta sobre su bienestar. Después de todo, ha sido la madre la que ha sufrido meses de incomodidades y la terrible experiencia del parto, y además la esperan muchos meses de cansada labor. Pero la salud del padre también cuenta.

Solo con tu asistencia al parto te ves obligado a experimentar una gran variedad de emociones, y las semanas siguientes pueden ser igual de arduas. La excitación ante la proximidad del acontecimiento y el momento álgido inicial de sostener en tus brazos a tu propio hijo puede convertirse rápidamente en dudas, sentimientos amargos y miedo al futuro.

Además de tus nuevas responsabilidades, contarás con menos tiempo, dinero y energía. Es posible que te sientas culpable si no pudiste asistir al parto o, si lo hiciste, por haber hecho pasar a tu pareja por una experiencia tan dolorosa. Si se trató de un parto difícil, y tuviste que ponerte una bata y salir lanzado hacia el quirófano junto con todo el equipo médico, quizá te sientas traumatizado durante varios días. Algunos hombres no están contentos porque deseaban tener un bebé del sexo contrario; otros sí están contentos pero les preocupa el hecho de que quizá no están sintiendo por su pequeñín el amor tan intenso que esperaban tener de forma instantánea.

Así que las reacciones emocionales que entran en juego pueden ser de todo tipo.

Pero tú eres un hombre, y el estereotipo del hombre consiste en ser fuerte, contenido y capaz de todo. Te estarán permitidas algunas lagrimitas en el momento del parto, pero después tendrás que aparentar que lo llevas sin problema. Eso es lo que esperan tu familia y tus amigos, y probablemente también tu pareja.

Afortunadamente, la mayoría de los hombres se las apaña para sobrevivir a las primeras e inestables semanas y tiran adelante para disfrutar plenamente de su bebé. Debes saber que la mejor forma de desterrar cualquier decaimiento es involucrarte en los cuidados que tu bebé necesita. Tienes que aceptar que esa nueva incorporación a tu vida será el centro de atención permanentemente. Una vez que estés cómodo con esa idea y vayas adquiriendo a buen ritmo experiencia práctica con tu bebé,

DEPRESIÓN POSNATAL MASCULINA

Durante mucho tiempo se ha considerado que la depresión posnatal era algo que solo afectaba a las madres, pero en un estudio reciente con más de 8.000 padres del Reino Unido, se demostró que, en las primeras ocho semanas desde el nacimiento, uno de cada 25 padres sufría depresión posnatal, mientras que la padecía una de cada 10 madres. Prácticamente todos viviréis unas semanas difíciles, pero si esa sensación continúa, una auténtica depresión puede ser un golpe muy fuerte para la familia, hasta el punto de que el padre podría abandonar el hogar o mostrar tendencias suicidas. También se ha sugerido que la depresión de los nuevos padres tiene efectos negativos sobre el desarrollo de sus hijos. El gran problema de los hombres reside en que es mucho menos probable que pidan ayuda, en comparación con las mujeres. Pero una depresión, por lo general, lo único que necesita es un sencillo tratamiento.

recuperarás tu autoestima y verás crecer tu seguridad, y pronto comenzarás a sentir cómo tu amor te es correspondido en forma de abrazos, besos y sonrisas.

Establecer tus prioridades

La responsabilidad es lo primero que aparece en el momento en que tu bebé llega a la sala de partos. Tu bebé acaba de llegar al mundo, y tu pareja ya no es la única y total responsable de su bienestar. Es tu bebé, y tú también debes asumir que habrás de ocuparte de él al menos durante los siguientes dieciocho años. Se trata de un sentimiento nuevo y poderoso que algunos padres encuentran difícil de llevar.

Básicamente existen dos formas de enfrentarse a la responsabilidad. Puedes aceptarla de mala gana y permitir así que te oprima, o puedes aceptarla con una actitud positiva y proactiva, que hará que tanto tú como los que te rodean se sientan bien.

Si tu elección es la primera, y te limitas a tratar de llevar la misma vida que antes, pasarás mucho tiempo preguntándote qué fue lo que te hizo querer tener un hijo. Solamente eligiendo la segunda opción, el enfoque positivo y proactivo de la paternidad, encontrarás la respuesta a dicha pregunta.

Es inevitable que un estilo de vida más orientado hacia la familia implicará dedicar menos tiempo a las actividades «no familiares», como las salidas después del trabajo con los compañeros, el tiempo de intimidad con tu pareja e, incluso, los pequeños placeres como pasar la mañana del domingo leyendo periódicos.

En resumen, tener un bebé marca el momento en que finalmente te ves obligado a madurar. Y si no habías madurado ya, tendrás que establecer tus prioridades. Deberás decidir cuáles son las cosas realmente importantes en tu vida ahora y de cara al futuro. Quizá sea la primera vez que tienes que contemplar tu vida con años —y no meses— de antelación. Por morboso que parezca, una de las cosas que tienes que hacer es redactar un testamento.

También tendrás que revisar tu economía. Los bebés no resultan baratos. Será necesario comprar infinidad de cosas esenciales para el pequeño, como la sillita de paseo, la cuna o el asiento para el coche, además de todos los artículos diarios como los pañales, la ropita y, probablemente, los biberones y la leche. Y la lista seguirá creciendo al mismo tiempo que tu bebé. Si tu pareja y tú no os habíais mudado todavía a fin de hacer sitio para el nuevo miembro de la familia, sin duda no tardaréis en buscar otra vivienda con más espacio.

Es posible que sea la primera vez que tu pareja y tú os ocupáis de resolver temas de dinero juntos, funcionando como una auténtica asociación, pero la ocasión podría servirte para

Lo mejor sería que hubierais afrontado los asuntos pecuniarios antes del nacimiento del bebé, cuando contabais con tiempo y teníais menos distracciones. Pero este es el tipo de temas que suelen dejarse siempre para un mejor momento. Ahora que el bebé está con vosotros, comprobaréis la importancia de reorganizar las finanzas de la familia. Sin embargo, quizá a tu pareja le cueste centrarse en ellos porque está inmersa en los cuidados diarios de vuestro hijo, de modo que toma la iniciativa y busca un buen momento para sentaros juntos a tratar el tema. No intentes resolver demasiados asuntos en una primera discusión; limítate a abordar los más urgentes y asegúrate de que tomáis las decisiones necesarias. Prepárate tanto como puedas con antelación para que las opciones estén lo más claras posibles, pero deja que tu pareja también tenga ocasión de expresar y hacer valer su opinión.

dar un paso adelante y asegurar a tu pareja que este es un tema del que no tiene que preocuparse.

Cuídate

No es extraño que un papá reciente se pase todo el día en pijama. Cuando estás de baja por paternidad, todas las normas sociales quedan en suspenso. Si algunos familiares, amigos o vecinos se presentan sin avisar dedícales tu mejor sonrisa y levanta los pulgares para indicarles que todo va bien. Si no captan el mensaje, abre las cortinas y deja que vean tu pijama arrugado. Si aun así no se marchan, llama a la policía.

El problema es que con tantas cosas a las que atender relativas a tu bebé y tu pareja, es difícil acordarse de uno mismo. Pero ellos necesitan que tú estés fuerte, tanto mental como físicamente, para que les des tu apoyo. Así que olvídate de todo lo que esperan los demás de ti y concéntrate en vosotros tres. Intenta relajarte tanto como puedas, incluso echándote alguna siesta.

Alimentarte bien es una de las cosas que tendrás que seguir haciendo. Tu pareja, especialmente si está dando el pecho a vuestro hijo, ha de comer adecuadamente, por supuesto, pero tú también necesitas mantener tus niveles de vitaminas para que te ayuden a soportar la falta de sueño y las nuevas tareas. Además, tu bebé será pronto un foco de atracción para todos los virus de la zona, por lo que necesitarás que tu sistema inmunitario esté fuerte. Intenta aprender algunas recetas sencillas de platos sanos y digestivos, en lugar de recurrir a las comidas a domicilio y a las precocinadas. Los alimentos de calidad pueden ser como un salvavidas en esos momentos, y su preparación quizá te resulte

La historia de Jake

Mientras disfrutaba de mi baja por paternidad, la única razón para vestirme en todo el día solía ser la de ir de compras a media tarde. Además de adquirir todo lo imprescindible, siempre compraba pastelitos de crema para la merienda, que nos ponían de buen humor y nos subían los niveles de energía. También buscaba alguna pequeña sorpresa para llevar a mi mujer, como un jabón bueno, una revista, un vídeo o, incluso, alguna de sus comidas favoritas que no había podido tomar durante el embarazo. Estas cosas siempre eran bien recibidas.

una forma fantástica de relajarte. Tu pareja también agradecerá un poco de comida casera.

Controlar los malos hábitos

Existen dos razones excelentes para revisar tu comportamiento personal, preferiblemente antes, incluso, de que nazca el bebé. En primer lugar, te darás cuenta muy pronto de que tu hijo trata de imitar cuanto haces. Casi todas las pautas de comportamiento de los bebés surgen de la observación de otros seres humanos, y para tu hijo, naturalmente, tú eres su máximo ejemplo.

La segunda de las razones es que muchos de los vicios tradicionales tendrán un impacto sobre la salud de tu bebé, tanto a corto como a largo plazo. Fumar es el tema principal en este apartado.

En lo que respecta a tu bienestar, si fumas, lo mejor que puedes hacer para cuidar de tu salud es dejar de hacerlo. Si te resulta imposible abandonar el hábito, al menos no fumes en casa. El humo puede contribuir a la denominada «muerte súbita», y normalmente tu bebé sufrirá más enfermedades infantiles —como infecciones de oído— que los hijos de los no fumadores. También aumentarán sus probabilidades de convertirse en fumador de adulto.

Por otra parte, un consumo moderado de alcohol será una de las cosas que te ayuden a mantener el ritmo como padre de un bebé; la idea de relajarse con un buen vaso de cerveza fría o una copa de vino al final del día puede ser muy motivadora. De hecho, existen pruebas médicas que demuestran que las propiedades relajantes del

alcohol contribuyen a contrarrestar los efectos dañinos del estrés en el organismo. Pero no caigas en la trampa de pensar que el alcohol te ayuda a dormir, pues es posible que te haga sentir sopor pero esa somnolencia previa al sueño no será reparadora. La clave está en beber con moderación y, en general, en no caer en la trampa de esa o de cualquier otra droga para que te ayude a superar el día. En lugar de ello, intenta aprender algunas técnicas de relajación.

Otra de las cosas que muchos hacemos sin pararnos a pensar es decir palabrotas. Y lo cierto es que resulta difícil dejar de hacerlo. Tú y tu pareja tendréis que vigilar como policías el lenguaje del otro, ya que esta es una época llena de tentaciones para blasfemar. En cierto sentido,

¿CUÁNTO CUESTA UN BEBÉ?

Se dice que los padres en el Reino Unido gastan más en la crianza de sus hijos que en ningún otro país de Europa, alcanzando las 46.000 libras (61.400 euros) en los cinco primeros años de la vida del hijo. De igual modo, en Estados Unidos, una familia con ingresos anuales de 70.000 dólares (47.000 euros, aproximadamente) dedica unos 270.000 dólares (alrededor de 180.000 euros) a cada hijo en sus primeros diecisiete años de vida.

decir palabrotas es una buena manera de liberar el enfado o la frustración. Tan solo tendrás que asegurarte de que tu bebé no puede oírte, ya que no te enterarás del problema hasta que sea demasiado tarde, cuando el pequeño ya habrá comenzado a memorizar algunas de tus expresiones favoritas para soltarlas delante de las visitas más incautas. Así que empieza a moderar tu comportamiento cuanto antes para evitar problemas futuros.

Cómo afecta a tu relación

Tal y como ya sabes, la función del hombre durante el embarazo y el parto es, básicamente, servir de apoyo. Dicho así no parece gran cosa, pero pregunta a tu pareja, o a cualquier madre, y ella te recordará cuán importante es contar con ese sólido apoyo durante una de las experiencias más exigentes de su vida, algo que también puede aplicarse a los meses que siguen al nacimiento.

Hay hombres que dicen que se prepararon en exceso para el nacimiento de su hijo y que, una vez que el gran día había pasado, se sintieron totalmente faltos de preparación para el compromiso a largo plazo que tenían por delante.

Al haber superado las tensiones emocionales y los esfuerzos que suponen tomar la decisión de tener un bebé y el hecho de llevarlo a cabo, probablemente estarás muy contento con que tu relación de pareja haya sobrevivido hasta ese punto. Pero ten cuidado, pues durante el primer año desde el nacimiento del bebé vuestra relación se verá probablemente presionada hasta el límite. La simple falta de sueño causará un deterioro de vuestra relación cotidiana, sin mencionar el resto de los problemas a los que tendréis que enfrentaros como pareja.

En este punto es en el que el fallo típico de los hombres, la falta de comunicación, puede convertirse en un problema serio. Es posible que resulte difícil al principio, pero la solución para ese problema consiste en ocuparse de los temas pronto. Si habéis superado las tensiones del embarazo y el parto y vuestra relación sigue manteniéndose sólida —o incluso se ha fortalecido—, está claro que partís de una buena posición. Si se produjeron problemas que no fueron tratados, pronto necesitaréis ocuparos de ellos antes de que se enquisten.

Para evitar problemas, deberás ser constantemente consciente de las necesidades emocionales de tu pareja. Muestra una buena disposición a escuchar sus temas cotidianos, sus sentimientos y los problemas que tiene que solventar, sin intentar ofrecerle soluciones al instante. En muchos casos, tan solo necesita quitarse un peso de encima, y tus intentos de solucionar todo con tu varita mágica le darán la impresión de que en realidad no comprendes lo que le está pasando.

HABLEMOS SOBRE | BUENOS HÁBITOS

Si se trata de reducir el consumo de alcohol y de tabaco, tu pareja debería contar con cierta ventaja, ya que tuvo que enfrentarse a estos retos durante los nueve meses del embarazo. Pero el alivio de dar a luz por fin puede que le haga relajarse y volver a los cigarrillos y al alcohol como recompensa por su abstinencia. El estrés de tener que cuidar del bebé, también puede que haga más atractivas esas formas de relajarse al final del día. Así que mantener el control sobre los malos hábitos resultará difícil para ambos. Tendréis que ser sinceros y abiertos y apoyaros el uno al otro. Si empieza a parecerte excesivo lo que bebe tu pareja pero no estás seguro de cómo plantearle el tema, una de las formas de sacarlo a la luz sin hacer acusaciones es asegurarle que tú mismo vas a beber menos. Si puedes sentar un buen ejemplo, y ceñirte a tus directrices, probablemente tu pareja te seguirá.

A ella también le gustará ver y oír que tu actitud hacia vuestro hijo es positiva. Intenta contemplar desde cierta distancia tu propia forma de hablar y comportarte con el bebé y trata de imaginar qué impresión le causarían a alguien que está hipersensible y que espera encontrar señales de aliento por parte de su pareja.

Es inevitable que te veas relegado al número dos de sus amores y que se centre en las necesidades del bebé, y esto no tiene vuelta de hoja. «Márchate y haz algo útil» será una de las frases que pronto te acostumbrarás a oír. Solamente tienes que aceptar que tu función es prestarle apoyo durante esta parte del proceso, pero haz todo lo que puedas por participar.

Tu vida sexual

Sin duda el tema del sexo volverá a aparecer una vez que los efectos de la experiencia del parto vayan desapareciendo, y ese será otro punto de tensión dentro de tu relación. Es posible que ninguno de vosotros dos tenga ganas de sexo; puede que, una vez abandonado el hábito durante el embarazo, ahora te sientas demasiado cansado para hacer ninguna otra cosa que no sea dormir cuando estéis juntos en la cama.

Normalmente, la confianza en sí misma de tu pareja se verá afectada por su cambio de imagen y por su papel tan casero, y tú tendrás que ser muy positivo para aumentar su autoestima y hacer que vuelva a sentirse atractiva. Pero es posible que tú también hayas de resignarte y aceptar que esa parte de vuestra relación podría no volver a ser lo que era, en el sentido de que el sexo quizá no será tan frecuente como solía. El lado positivo es que esa abstinencia hará que se fortalezca el cariño entre vosotros y cuando tengáis sexo merecerá la pena tanta espera.

HABLEMOS SOBRE | LA COMUNICACIÓN

Si tú te pasas todo el día en el trabajo, y tu pareja en la casa con el bebé, puede parecerte que vivís en mundos distintos, con lo que la comunicación entre vosotros será incluso más difícil que de costumbre. Intenta establecer un método para discutir asuntos con tu pareja y busca los mejores momentos para sacar esos temas a la luz, por ejemplo, cuando los dos estéis menos cansados, cuando no tengáis la presión de realizar otra nueva tarea o cuando os toméis un descanso del bebé para aclarar vuestras mentes. El punto clave es mantener las líneas de comunicación abiertas. Encontrar tiempo para hablar es el primer obstáculo, y además a los dos tiene que apeteceros cuando finalmente consigáis sentaros juntos.

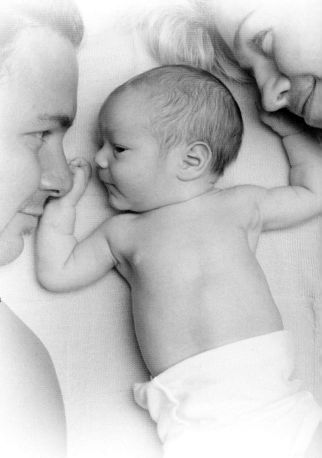

La historia de Charlie

Antes de la llegada de nuestra hija, solíamos ir con frecuencia a restaurantes y acostumbrábamos arreglarnos para salir y pasarlo bien. Pero una vez que nació ella, no soportábamos la idea de dejarla con una canguro, por lo que rara vez salíamos juntos por la noche. En lugar de ello, decidimos hacer que las noches del sábado fueran especiales en casa. Hacíamos un gran esfuerzo por ponernos elegantes, preparar una buena comida, aunque fuera sencilla, comprar un buen vino, poner la mesa como es debido y encender algunas velas. Esto nos daba algo con lo que ilusionarnos cada semana y nos ayudaba a mantener el romanticismo en nuestra relación.

Y no olvidéis tomar precauciones pues, aunque tu pareja no será fértil inmediatamente después de dar a luz, para cuando tenga de nuevo el período, ya habrá sido fértil durante las dos semanas anteriores. Normalmente, os recomendarán que esperéis seis semanas desde el parto antes de volver a tener relaciones, y si ella tomaba la píldora, antes probablemente tendréis que cambiar de método anticonceptivo, ya que esta no debe tomarse durante la lactancia.

La carencia de sexo realmente significa que faltará uno de los principales puntos de conexión física de tu relación. El sentimiento de cercanía es probablemente el más difícil y el más importante de mantener en una relación, por lo que será necesario compensarlo con muchos mimos y palabras amables para que tu pareja se sienta amada y apreciada. Es posible que suene algo cursi, pero las mujeres te dirán que unos achuchones frecuentes son absolutamente vitales para mantener su ánimo arriba, y probablemente descubrirás que tienen el mismo efecto en ti.

Ver a tu pareja desde una nueva óptica

Sin duda, durante el embarazo y en el parto de vuestro hijo ya habrás descubierto nuevos aspectos de la personalidad de tu pareja. Es posible que se haya convertido en una persona muy diferente para ti conforme veías que su cuerpo se transformaba y adoptaba formas maternales, y apreciaste su valor al enfrentarse a la prueba del parto. Deberías sentirte muy orgulloso de ella.

La mayor parte de los cambios físicos serán reversibles pero, dependiendo del tipo de parto, en algunos sentidos, ella nunca volverá a ser la misma. En el plano mental, sufrirá importantes transformaciones conforme reconsidera su futuro en función de su maternidad, ya que no puede predecirse cuál será tu sentimiento como padre hasta que tengas a tu bebé en tus brazos. Estos cambios hacen que muchos hombres vean a sus parejas de una forma más adusta. Algunos tienen la impresión de haber perdido a la persona que amaban. No conocían a su pareja tan bien como

---

DEPRESIÓN POSNATAL

La depresión posparto leve afecta en torno a la mitad de las nuevas madres. Comienza entre el tercer y el quinto día desde el parto y se piensa que está asociada a los cambios hormonales, además de estar potenciada por el cansancio y la falta de sueño. Una depresión más grave afecta a alrededor del 10 por ciento de las madres en los primeros seis meses. Esta puede resultar muy destructiva para las relaciones familiares, sobre todo porque al padre le resultará difícil distinguir sus síntomas (véase el recuadro de la página 15). Si estás preocupado por tu pareja, habla con un profesional de la salud.

ellos pensaban. Es posible que hayan rechazado el cambio en la silueta de su pareja, su falta de interés por el sexo y las restricciones del embarazo imponiéndose a su estilo de vida. Es posible que ya no se sientan atraídos físicamente debido a lo que han ido viendo durante los meses anteriores al nacimiento o en la misma sala de partos. Su dedicación plena al bebé incrementa ese desencanto aún más. Muchos de estos sentimientos son temporales, y si te ves a ti mismo reaccionando así, recuerda que las cosas se regularizarán de forma gradual conforme el trauma del parto y la vida en general vuelven, casi, a la normalidad. Pero si el problema persiste y no te ves capaz de hablarlo con tu pareja, busca el consejo de un buen amigo o de un profesional, quienes, al menos, podrán ayudarte a ver las cosas con cierta perspectiva.

¿Qué significa ser mamá?

Es posible que los desafíos físicos y mentales a los que os enfrentáis en los primeros meses de paternidad oculten un cambio aún más

■ **CONSEJOS La pareja perfecta**

Hay una serie de cosas que las nuevas mamás esperan encontrar en los nuevos papás.
Si puedes superar con éxito la lista siguiente, entonces estás en el camino hacia la perfección... hasta que ella escriba una nueva lista.

- Cambia los pañales.
- Levántate por la noche para atender a tu bebé.
- Comparte por igual las tareas de la casa.
- Arregla el baño después de utilizarlo.
- Fíjate en los artículos de consumo que se van agotando y reponlos.
- Prepara una comida deliciosa en poco tiempo y limpia después.
- Pasa todo el tiempo que sea necesario consolando a tu bebé si está llorando.
- Demuestra sensibilidad, comprensión y ternura.
- Da por supuesto que te corresponde hacer todas estas cosas.

fundamental que está experimentando tu pareja. Tanto si le gusta como si no, está sufriendo un cambio drástico de identidad, sobre todo si tenía planificado desarrollar una carrera profesional a jornada completa.

Independientemente de la imagen que tu pareja tenía de sí misma antes, ahora su nueva identidad es la de «mamá». Tú eres ahora «papá», pero también conservas tu faceta profesional. Si fracasaras como padre, al menos te quedaría tu trabajo para sostener tu autoestima, y viceversa. Pero una madre a jornada completa que tiene la sensación de que está fracasando como madre no cuenta con ninguna otra identidad en la que apoyarse. Cuando las cosas no van bien en casa, no puede simplemente marcharse a la oficina, donde se sentiría valorada y realizada. Por eso, deberás estar atento para asegurarte de que ella se siente valorada y realizada desempeñando su papel como madre, al mismo tiempo que le facilitas oportunidades de evadirse, relacionarse socialmente y hacer cosas para ella misma.

Es posible que las madres que siguen trabajando fuera de casa se enfrenten a temas similares al esforzarse en cubrir las conflictivas demandas de la maternidad junto con las exigencias laborales, y se sentirán culpables si no logran prestar toda la atención a alguna de ellas. Otras, simplemente se alegrarán de poder salir de casa y pasar algún tiempo con adultos para volver a casa recuperadas, incluso si la organización de esa doble vida resulta difícil y estresante.

Valorar a tu pareja

Uno de los aspectos importantes en el apoyo a tu pareja es el de decirle cuáles son tus sentimientos hacia ella. Ayudarle con las cosas prácticas, como poner una lavadora, es algo que se debería dar por supuesto, así que no esperes un gran reconocimiento por hacerlo. Lo que ella necesita que le digas, de forma regular y sincera, es el gran trabajo que está haciendo, lo orgulloso que estás de la forma en que está criando a tu hijo y cuánto la quieres.

■ **CONSEJOS Lo que no hay que decir**

Una pregunta que nunca debes hacer a una nueva mamá es «¿Cuándo vuelves al trabajo?». Es posible que parezca una pregunta inocente, pero el mensaje subliminal evidente es que criar a las futuras generaciones —gratis— no es un trabajo de verdad. Si haces esa pregunta a una madre que trabaja a jornada completa, es probable que se dé media vuelta y te dije boquiabierto hasta que tú mismo seas capaz de buscar una respuesta que, por otra parte, no ha lugar. No se te ocurrirá volver a hacer esa pregunta. Y eso es lo correcto.

UN GASTO INEVITABLE

¿Qué haces cuando al llegar a casa del trabajo te encuentras con que tu pareja lleva puesta otra nueva prenda de vestir? ¿Es que no se da cuenta de que la economía de la familia depende de un solo sueldo? Esta es una situación difícil para los padres, ya que les parece un disparate comprar más ropa nueva cuando el dinero apenas llega. Pero las madres tienen la impresión de haber sacrificado su individualidad al dedicar una parte tan grande de su tiempo a los niños y a la familia. La ropa hace que se sientan bien, aumenta su seguridad y les ayuda a confirmar su identidad individual. Así que, siempre y cuando tu pareja no se muestre derrochadora, quizá la compra de ropa nueva aporte grandes ventajas para la familia. Considéralo como una especie de «gasto de representación» justificado en su «trabajo» de madre. ¡Y asegúrate de decirle lo guapa que está!

3

¿Cómo establezco vínculos con mi bebe?

—

Cercano y personal

Una de las primeras cosas que verás en la sala de parto después del alumbramiento es que a tu bebé recién nacido lo colocan sobre el pecho de su madre para que reciba su primer abrazo. Esto es un vínculo puro en su forma más básica, y los expertos consideran que tú necesitas comenzar a establecer esos lazos con tu bebé, tanto a nivel físico como mental, tan pronto como sea posible después del nacimiento.

Una actitud positiva

Es inevitable que tu pareja lleve la delantera al establecer conexiones afectivas con tu hijo; después de todo, ella ha llevado al bebé en su vientre durante los últimos nueve meses. Pero no todas las madres se sienten así desde el primer momento, y siempre resultará más difícil en el caso del padre. Así que no te desanimes si no experimentas un repentino ataque de amor por tu bebé; ya tendrás tiempo de sobra para conocerle y crear los vínculos adecuados.

Es posible que, especialmente durante las primeras semanas, te resulte difícil acercarte, ya que tu bebé es casi totalmente dependiente de tu pareja, pero aprovecha las oportunidades para pasar tiempo con él siempre que puedas. Asegúrate de apartarlo de tu pareja para intentar establecer contacto piel con piel, por ejemplo, dándole un abrazo con el torso desnudo antes de vestirlo después de un cambio de pañal.

Lo importante para ti, como sucede con muchas de las experiencias que compartirás con tu bebé, es enfocar este reto con una actitud positiva. Hazlo, y así irá estableciéndose un lazo entre vosotros.

Comunicación

A menudo olvidamos que comunicarse no consiste solo en hablar. De hecho según algunos estudios, el habla supone únicamente un tercio de la comunicación entre humanos y que el resto es comunicación no verbal o lenguaje corporal.

Los vínculos de piel con piel no son solo para las mamás. Aprovecha para acercarte a tu bebé antes de bañarlo o cuando acabas de cambiarle el pañal.

Tu bebé no sabe hablar, pero incluso cuando ha transcurrido solamente una hora después de su nacimiento, es capaz de comunicarse con su madre. Prueba a hacerle gestos y a sacar la lengua delante de él, y habrá muchas probabilidades de que te imite.

Como el habla es muy importante para su desarrollo, deberás charlar con él tanto como puedas, incluso sabiendo que todavía no es capaz de entenderte. Además, puedes ayudarle a visualizaros como una pareja sosteniéndolo frente a un espejo. Se quedará fascinado con la imagen y tú también descubrirás que ello refuerza tus sentimientos hacia él.

Al igual que en cualquier relación nueva, cuanto más interactuéis, antes os sentiréis cómodos el uno con el otro, mejor os comprenderéis y antes desarrollaréis lazos mutuos de unión.

Contacto físico

Cuanto antes te conozca tu bebé —también tu olor—, menos tardará en sentirse cómodo en tu presencia, cuando oiga tu voz o lo cojas. Dale muchos besos, abrazos y caricias, y masajea su piel siempre que tengas oportunidad. Deja que se quede dormido en tu regazo, siéntalo junto a ti con tu brazo alrededor, y hazle sentir que tú eres su mejor amigo.

Compartir los cuidados

Aunque son muchas las actividades específicas con las que podrás acelerar el proceso de establecimiento de lazos, como jugar con él o darle masajes, también puedes

CUCÚ... ¡AQUÍ ESTÁ!

Este es un juego divertido tanto para los padres como para el bebé. Utiliza expresiones faciales y verbales exageradas cuando te tapes la cara y la descubras frente a tu bebé. Aunque hayas «desaparecido» durante un momento, tu bebé se alegrará de volver a verte una y otra vez.

HABLEMOS SOBRE | COMPARTIR LOS CUIDADOS

A algunas madres les resulta difícil compartir los cuidados del bebé, y es posible que piensen que ellas lo hacen mejor que nadie. Si tu pareja se resiste a permitirte dar de comer a vuestro pequeño, a vestirlo o a bañarlo, tendrás que explicarle que su salud, tanto física como mental, se verá afectada si no se toma un respiro y que, además, eso tampoco es bueno para el bebé. Dile que necesitas pasar tiempo útil con vuestro hijo de forma regular. Si tu pareja piensa que tus habilidades para el cuidado del bebé no están a la altura, explícale que la única forma de que mejoren es permitiéndote practicar. Asegúrate de pedir a tu pareja que te enseñe la forma precisa en que ella hace cada cosa, y dile que te explique lo que piensa sobre cómo lo haces tú.

MASAJE PARA BEBÉS

Los padres no pasan por la experiencia de cercanía física que suponen los nueve meses del embarazo. Algunas madres dicen que «saben» en qué momento se concibió su bebé; otras afirman que notan cómo se mueve ya durante las primeras semanas de embarazo. Más adelante, por supuesto, tanto tú como tu pareja podréis sentir los movimientos del bebé cada vez de forma más intensa, cuando se gira y presiona contra las paredes del útero, aunque tú lo notarás solamente desde fuera.

La primera vez que un papá tiene contacto físico con su bebé es normalmente en su alumbramiento, cuando se lo entregan. Tocar y sostener a una personita tan pequeña puede darnos un poco de miedo, pero tú y tu bebé debéis tener oportunidades sobradas de estar en contacto.

El tiempo que pasan con sus bebés es bueno para los papás, y el masaje puede ayudar a mejorar su destreza para sostener al pequeño en brazos y, en general, para manejarlo en todas las situaciones. La siguiente rutina de masaje fomenta la confianza entre tú y tu bebé, a la vez que aumenta tu seguridad respecto a tu capacidad para cambiarlo y bañarlo, así como para ocuparte del resto de los cuidados diarios.

Al aprender a manejar a tu hijo, también sabrás consolarlo y confortarlo mejor. Puedes adaptar los movimientos a cualquiera de los momentos en los que estés con él. Acaricia su espalda y alrededor de su cuello y hombros cuando esté sobre tus rodillas.

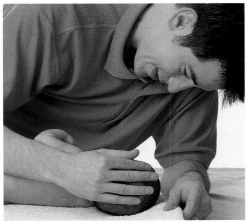

1 Acuéstate sobre tu costado con el bebé de cara ti, también de lado. Usando el peso relajado de toda tu mano derecha, comienza a acariciar a tu bebé con un movimiento circular en la parte superior de la espalda.

2 Luego, con el mismo movimiento, acaciria desde arriba hasta abajo su espalda.

3 Utilizando la palma de tu mano, acaricia suavemente alrededor de la coronilla del bebé con un movimiento circular lento.

4 Repite estos movimientos mientras tu bebé se sienta relajado y cómodo.

Puedes ir cuidando del bebé cada vez más ratos durante el día, hasta compensar todo el tiempo que tu pareja suele ocuparse de esa labor mientras estás en el trabajo. Luego, dile que se tome el día libre. Lo ideal sería que te adaptaras a las rutinas del bebé como si fueras a ejercer de madre sustituta durante un tiempo. Verás a tu hijito desde una perspectiva totalmente nueva; durante ese tiempo estaréis solos, observarás sus cambios de humor y sus rutinas de vida diaria; en resumen, será una gran experiencia que os unirá. Y así también llegarás a apreciar, por fuerza, las presiones que sufre diariamente tu pareja.

Pero, hagas lo que hagas, no te lo plantees como una competición. Tu pareja te agradecerá de verdad que intentes comprender mejor en qué consiste su vida. Así que asegúrate de confirmarle lo duro que te parece su trabajo y dile que tú no podrías hacerlo todos lo días, a menos, por supuesto, que te apetezca desempeñar el papel de amo de casa.

hacer de las rutinas diarias un tiempo útil. Es importante que ayudes a tu pareja en las tareas de la casa tanto como te sea posible. Así que, ¿por qué no añadir un elemento de diversión llevando a tu bebé contigo? Ponle en una silla portabebés y charla mientras pasas el aspirador por las alfombras o friegas los platos. De esa forma, también tu pareja se verá libre de las tareas del cuidado del bebé y podrá concentrarse en otras labores, pasar tiempo sola o recuperar algo de sueño.

En cualquier caso, el cuidado diario de tu bebé es una parte de la vida del hogar en la que tú puedes hacer una importante contribución y mejorar las relaciones tanto con tu hijo como con tu pareja. No existe ninguna razón por la que no puedas ocuparte de cualquiera de las tareas relacionadas con el bebé y que tu pareja suele hacer durante el día, excepto, naturalmente, darle el pecho. En los capítulos siguientes te enseñaremos todos los trabajos básicos, paso a paso, con consejos para aprovechar al máximo las oportunidades de estrechar los vínculos entre vosotros. Estas acciones, aparentemente mundanas en la vida cotidiana de tu bebé, pueden resultar sorprendentes ocasiones para intimar, de forma que cada cambio de pañal puede convertirse en una valiosa experiencia. De igual forma, la rutina de acostar a tu bebé por la noche es un momento especial para vosotros dos, y como papá deberías involucrarte en ello tanto como te sea posible. Puedes incluso ir un paso más allá, e ir ocupándote de más y más cuidados de tu bebé por las tardes, conforme va haciéndose cada vez menos dependiente de tu pareja. Al final, serás tú quien asuma las responsabilidades y responderás a las necesidades de tu bebé durante la noche para desarrollar unos fuertes lazos de unión entre padre e hijo, al mismo tiempo que liberas a tu pareja de una pesada carga y te ganas su eterno agradecimiento.

Si llevas a tu bebé contigo, le transmitirás la sensación de cercanía y seguridad que necesita; además, así le ofrecerás muchas situaciones estimulantes que evitarán que se aburra. Recuerda que los arneses para llevar al bebé son también una forma fantástica de mantener a tu pequeño cerca de ti mientras realizas las tareas del hogar.

HABLEMOS SOBRE | LAS TAREAS DE LA CASA

Uno de los temas de desacuerdo suele ser la responsabilidad de las tareas de la casa. Es posible que sea difícil de aceptar, pero si lo miramos objetivamente, el hecho de que tú salgas de casa para realizar un trabajo remunerado y tu pareja se quede y haga todas las tareas de la casa no es una verdadera división del trabajo. El cuidado del bebé es un trabajo a jornada completa por sí mismo. Lo que significa que las compras, la cocina, la limpieza, la colada y el planchado, por ejemplo, deberían ser tareas para compartir entre vosotros dos. Si no es así, estaréis abocados a enfrentamientos graves conforme tu pareja se sienta cada vez más agotada y vaya creciendo su resentimiento.

En la medida de vuestras posibilidades, contrata a alguien para que os ayude con las tareas de la casa. Incluso bastaría con que una limpiadora acudiera a vuestro hogar un par de horas a la semana para que, al menos, la cocina y el baño estuvieran en condiciones; además, así te quedaría tiempo libre para concentrarte en las tareas básicas diarias, como el fregado de los platos. Será un dinero bien empleado.

4

¿Qué puedo hacer por mi bebé?

Cogerle en brazos

Una de las preguntas que te harás con más frecuencia durante las primeras semanas es: «¿Qué puedo hacer yo?». Quizá deberías preguntarte: «¿Qué puedo hacer yo por mi bebé?». Es evidente que tu pareja necesita tanta ayuda y apoyo como puedas darle, pero el papel que has de desempeñar no se limita a mantener la casa limpia y a cocinar de vez en cuando. Tú necesitas tanto contacto físico con tu bebé como sea posible, para construir y mantener vuestros vínculos.

Pero, a veces, es difícil al principio adquirir las destrezas necesarias para coger y manejar a tu bebé, sobre todo cuando parece algo tan natural en su madre. Este capítulo te enseña las técnicas básicas

para coger y manejar a tu hijo con seguridad. Cuando aprendas a sostener a tu bebé, podrás disfrutar de su contacto cercano, y te sentirás más seguro cuantas más veces lo cojas en brazos.

Coger al bebé

El primero de los puntos clave consiste en que te asegures de que tú mismo estás en la posición correcta para levantar al bebé. Posiblemente te parecerá increíblemente pequeño y ligero, pero si desde el principio te acostumbras a levantarlo correctamente, lo harás así de forma instintiva cuando haya ganado peso, y tu espalda no se resentirá.

LEVANTAR AL BEBÉ

1 Asegúrate de que sostienes el cuello y el culito de tu bebé siempre que lo traslades. Acerca tu cara a la suya y despiértale suavemente si está dormido. Desliza una mano bajo su cuello para sujetarle la cabeza y coloca la otra mano debajo de su culito. Háblale con dulzura para que se mantenga tranquilo mientras le levantas.

2 Coge con firmeza así a tu bebé, con ambas manos, y mírale a los ojos conforme lo levantes despacio. Mantén su cabeza ligeramente por encima del nivel del resto del cuerpo.

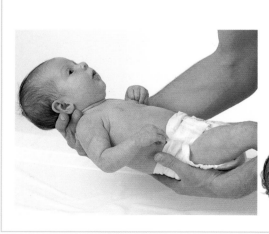

Lo peor que puedes hacer a tu columna vertebral es girarla y doblarla al mismo tiempo, así que intenta siempre situarte en línea con tu bebé, con sus pies apuntando hacia ti y tus piernas ligeramente separadas. Mantén tu espalda todo lo recta que puedas y dobla las rodillas para que sean tus piernas las que realicen el esfuerzo, en lugar de tu espalda. Si mantienes al bebé pegado a ti conforme te vas enderezando, reducirás la tensión de tu espalda y, además, darás al bebé mayor sensación de seguridad.

Es mucho más fácil coger a un bebé que está tumbado boca arriba —la posición recomendada en cualquier caso (véase la página 66)— que

REGLAS PARA EL MANEJO DEL BEBÉ

- Sujétale siempre la cabeza y el cuello.
- Sostenle siempre la espalda.
- Mantén su cabeza alineada con el resto de su cuerpo.
- Mantenlo cerca de ti, al mismo tiempo que le hablas y le acaricias.
- Flexiona las rodillas para levantarlo.

3   Acércatelo al pecho, mueve hacia arriba por su espalda la mano que sostiene su culito para sujetar también su cabeza. Luego, dobla tu otro brazo para que su cabeza repose sobre ese antebrazo y cruza ambas manos por debajo de su espalda, a modo de cuna, de manera que su culito descanse en tu otro antebrazo.

ACOSTAR AL BEBÉ

1   Desde la posición de acunado, ve deslizando los brazos suavemente, separándolos hasta que una de tus manos sostenga la cabeza y el cuello del bebé, mientras que la otra le sostiene por el culito. Sepáralo lentamente de ti, por encima de una superficie acolchada.

2   Gira el cuerpo del bebé para alinearlo con el tuyo. Inclínate cerca de la manta o toalla que cubre el cambiador o el colchón y desciende lentamente hacia la superficie hasta colocar primero su culito.

3   Una vez que haya entrado en contacto con la superficie, libera suavemente la mano de soporte de debajo de su culito y, a continuación, bájale la parte superior del cuerpo y la cabeza. Mantén bien sujeta esta última hasta que sepas que está bien apoyada en la superficie, y luego retira tu mano suavemente.

boca abajo. Pero si tu hijo está tumbado boca abajo, hazlo rodar suavemente hasta la posición que te resulte más fácil, antes de intentar cogerlo.

Acostar al bebé

Una vez que hayas cogido en brazos a tu pequeño, llegará el momento en que tendrás que acostarle. Esto no le resultará agradable pues, naturalmente, querrá quedarse calentito y cerca de ti. De modo que, mientras lo acuestas suavemente, háblale con dulzura y acarícialo para que se sienta seguro.

Acostar a un bebé puede ser algo tan delicado como cogerlo. La clave está en recordar que no debemos colocarlo sobre una superficie que no sea blanda (tampoco demasiado mullida, para evitar que se asfixie) y segura, desde la que no pueda rodar ni deslizarse. Si lo hacemos así, además de protegerle mientras está acostado, si acaso se nos escapara de las manos al bajarlo, tendría un aterrizaje suave. Conforme tu bebé vaya haciéndose más fuerte, descubrirás que al acercarte a la superficie y aflojar el agarre él solo se apartará de tus brazos.

Al igual que al cogerlo, es muy importante reducir al mínimo la tensión de tu espalda al acostar al bebé. Recuerda mantener tus pies separados, flexionar las rodillas y sostener a tu hijo junto a tu pecho conforme lo vayas bajando.

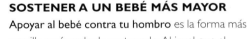

SOSTENER A UN BEBÉ MÁS MAYOR

Apoyar al bebé contra tu hombro es la forma más sencilla y cómoda de sostenerlo. Al igual que al levantarlo, deberás sostenerle con una mano el culito y con la otra el cuello. Tu bebé, así acurrucado contra tu cuerpo, estará protegido de posibles golpes mientras te desplazas. Esta posición es especialmente reconfortante para el bebé porque puede oír el latido de tu corazón.

Sujetar boca abajo al bebé entre tus brazos te proporcionará alivio si tienes los brazos cansados y, además, aporta al bebé un nuevo ángulo de visión. También le resultará beneficioso si sufre de cólicos. Mientras su cabeza descansa en el interior de tu codo y sujetas su cuerpo con el antebrazo, tu otro brazo se desliza entre sus piernas hasta que esa mano queda a la altura de su vientre.

Sostener a tu bebé

Se trata de algo que harás mucho tiempo, sobre todo durante el primer año de vida de tu hijo, por lo que es importante aprender las normas básicas de forma correcta y rápidamente. Solo hay un puñado de técnicas conocidas para sostener a tu bebé de forma segura en tus brazos —dependiendo de su edad—, por lo que es recomendable ceñirse a ellas.

Sin duda, estará un poco nervioso al principio, pero sostenerlo en brazos se convertirá pronto en algo natural en ti. Pero, para evitar problemas, no te confíes y trates de hacer otras cosas mientras lo tienes entre los brazos. Me refiero a esas cosas que no habrías hecho durante las primeras semanas, cuando estabas inseguro; es probable que ahora te tiente la idea de hacerlas si no andas sobrado de tiempo y tienes que ocuparte de más de una tarea. Por ejemplo, es posible que cojas una cafetera o una cacerola con agua hirviendo, que te estires para alcanzar algún objeto o incluso que hables por teléfono, y en esas situaciones no estarás totalmente pendiente de tu bebé.

Es especialmente importante que seas consciente de la posición de la cabeza de tu hijo respecto a tu propio cuerpo. Cuando vayas caminando con el bebé en brazos, ten cuidado de mantener protegida su cabeza con tu cuerpo, o al menos mantén tu mano en la parte trasera de su cabeza. Es fácil olvidarse de que hay un trocito de ser humano asomando fuera de tu cuerpo mientras te mueves entre pasillos, puertas y muebles, con lo que este podría llevarse un desagradable golpe en la cabeza. Aunque te encuentres seguro sosteniéndolo en tus brazos, ¿qué pasaría si dieras un traspiés o si otra persona tropezara contigo?

Tu bebé no es consciente del peligro de una caída y, conforme vaya haciéndose mayor, luchará para liberarse de tu abrazo. A veces, incluso se lanzará literalmente hacia atrás y terminará aterrizando en el suelo si tú no estás atento. Así que recuerda mantener siempre una mano o un brazo detrás de su espalda.

SOSTENER A UN BEBÉ CRECIDO

Mirando hacia delante. Una vez que tu bebé sea capaz de sostenerse por sí mismo, tendrá mayor libertad tanto para moverse como para mirar a su alrededor. Sujeta a tu bebé con su espalda contra tu pecho, pasa un brazo por debajo del suyo y coloca tu mano cruzada en su pecho. Tu otra mano le sostiene por el culito.

Sobre tu cadera. El bebé se acomoda sobre tu cadera, con sus piernas alrededor de tu cuerpo. Utiliza un brazo para sostener su culito mientras que con tu mano libre le aportas una sujeción extra detrás de la espalda.

Aseo y baño

Ayudar en la higiene de tu bebé es una forma fantástica de participar en sus cuidados. El aseo y el baño de tu pequeño son tareas íntimas de las que él disfrutará cada vez más, conforme vayan pasando los primeros meses. También es muy gratificante para ti, y es posible que a tu pareja le cueste cederte el sitio.

El baño puede ser algo intimidante al principio. Está claro que son muchas las cosas que podrían salir mal cuando estamos hablando de tener una gran cantidad de agua en un escenario donde también habrá que desnudar al pequeñín, cambiarle los pañales y vestirlo. Pero pronto descubrirás que llenar y usar un baño de bebé es una operación sorprendentemente rápida. De hecho, no tendrás que utilizar la bañera hasta que tu bebé sea capaz de sentarse sin ayuda.

Limpiar a un recién nacido

Tu bebé se pasa la mayor parte del día protegido del entorno por capas de ropa, bodies, peleles y mantitas, así que en realidad no tiene muchas ocasiones de ensuciarse. Aparte de la zona del pañal, simplemente necesita una rápida limpieza de las partes más expuestas de su cuerpo, es decir, de cara, cuello, manos y pies.

Como de costumbre, lo mejor es tener a mano todo lo que puedas necesitar en la zona

---

LA RUTINA PARA LA LIMPIEZA

Ojos y orejas Humedece un poco de algodón con agua hervida y enfriada y frota cada ojo, por encima y por debajo, desde la esquina interior hacia la exterior. Utiliza un nuevo trozo de algodón para cada frotación y para cada ojo con objeto de reducir el riesgo de extender infecciones. Emplea más algodón nuevo para limpiar alrededor y detrás de las orejas. No limpies en el interior de la oreja, que está protegida por una membrana mucosa autolimpiante.

Cuello Esta es una zona complicada a menos que seas capaz de distraer al bebé para que levante la cabecita y así quede al descubierto la parte de debajo de la barbilla. Límpiale el cuello con un algodón humedecido y sécalo con un paño suave con toquecitos para reducir las posibilidades de «cuello negro».

Manos Extiende las manos del bebé para comprobar si hay suciedad entre los dedos y bajo las uñas. Limpia y seca igual que en los casos anteriores.

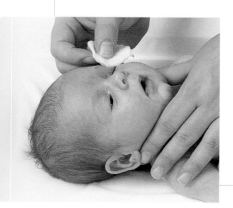 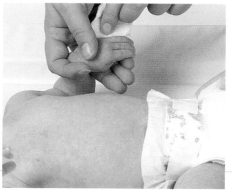 

donde vayas a limpiar al bebé —lo ideal sería un lugar cálido con mucho espacio para moverse. Te hará falta un barreño con agua hervida y enfriada, algodón, un paño o una toalla suave, además de un recipiente donde poder dejar el algodón usado.

Una forma segura y cómoda de hacerlo es colocar la mantita de cambiar al bebé en el suelo, extender una toalla encima y acostar al bebé sobre esta. Una de las ventajas adicionales de este método es que tu hijo se va secando prácticamente solo conforme le vas limpiando y únicamente tendrás que envolverlo en la toalla cuando hayas finalizado la limpieza.

La clave de una buena limpieza del bebé está en alcanzar los numerosos pliegues de su piel, donde se quedan atrapados fácilmente la suciedad y el sudor, provocándole irritaciones. Una de esas zonas complicadas es el cuello, y especialmente debajo de la barbilla, donde suele aparecer lo que se conoce como «cuello negro».

Cómo bañar a tu bebé

La forma más fácil de bañarlo es utilizar una bañera de plástico especialmente diseñada para tal fin. Colócala en una habitación cálida, en el cuarto de baño, por ejemplo, y sitúala en el suelo, preferiblemente sobre una superficie resistente al

Pies Ahora limpia la parte superior e inferior de los pies del bebé y entre sus dedos. Sepáralos con suavidad. Sécalos con toquecitos con una toalla.

Vientre y piernas Si el bebé se retuerce, será una zona de difícil acceso. Frota su tripita con algodón humedecido y luego utiliza otro algodón nuevo para limpiar los pliegues de sus piernas en la unión con su torso. Frota a lo largo de esos pliegues y hacia fuera para no transmitir infecciones a la zona genital. Sécalo con toquecitos con una toalla.

Limpiar a una niña Levanta ligeramente su culito sujetando los dos tobillos suavemente con una mano. Utiliza algodón para limpiar la parte exterior de los labios de su vulva, pero no la limpies por dentro. Frota siempre hacia abajo. Luego, limpia sus nalgas utilizando otro algodón. Limpia la parte trasera de sus muslos y la espalda. Seca bien toda la zona.

Limpiar a un niño
Utiliza algodón para frotar su pene con un movimiento descendente; no tires del prepucio hacia atrás. Limpia también alrededor de los testículos. Sujetándolo por los tobillos, levántalo suavemente y limpia la zona anal y la parte trasera de sus muslos. Seca bien toda la zona con la toalla.

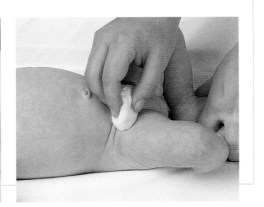

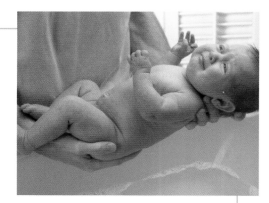

LA RUTINA PARA EL BAÑO

Meter al bebé en el agua Arrodíllate junto a la bañera mientras tienes a tu hijo acunado en los brazos. Sujeta su culito con una mano, y su cabeza y hombros con la otra. Ve bajando al bebé para introducir primero su culito en el agua.

Lavar el pecho y la tripita Sujeta siempre al bebé por la cabeza y los hombros mientras esté en la bañera, asiéndolo suavemente por debajo de su brazo para evitar que resbale o que ruede y quede bajo el agua. Mientras mantienes el brazo detrás de él, lava su pecho y su tripita.

Lavar el cuello y la espalda A continuación, sienta al bebé sujetándole por delante. Lava la parte trasera de su cuello y la parte superior de su espalda.

Enjuagar la parte baja de la espalda Inclínale más hacia delante, con cuidado de que la cara de tu hijo quede fuera del agua, y enjuágale la parte baja de la espalda y el culito.

Sacarle del agua Vuelve a recostarlo hacia atrás hasta la posición inicial, utiliza el mismo agarre que empleaste para meterlo en la bañera y sácalo sujetándole la cabeza, los hombros y el culito.

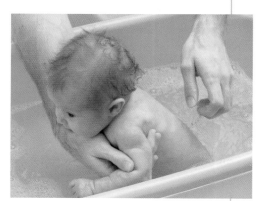

Sécale Colócalo sobre una toalla encima de la mantita del cambiador y envuélvelo para mantenerlo abrigado, pero evita taparle la cara. Sécale dándole toquecitos.

LAVAR EL PELO DEL BEBÉ

Aunque la mayoría de los bebés solo necesitan que se les enjuague el pelo al bañarlos, es posible que pienses que los rizos de tu pequeño precisan un lavado en condiciones. Puedes recostarlo a lo largo de tu brazo envuelto en una toalla y con su cabeza por encima de la bañera llena de agua templada. Enjuaga su pelo con la mano que te queda libre. Sécalo con toquecitos con una toalla.

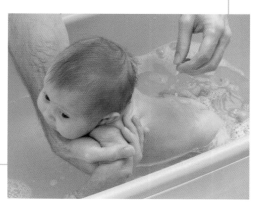

agua. Deja a tu alcance la ropa limpia y el pañal, pero no demasiado cerca para que, si hay salpicaduras, no se moje.

Si tienes que utilizar una bañera de adulto, existen artículos que te permitirán acostar o sentar a tu bebé con seguridad —incluso hay una especie de camas flotantes hinchables.

No te pases con la cantidad de agua que pongas en la bañera; bastará con 5 a 7 centímetros, o justo por encima de la cintura de tu hijo cuando ya sea capaz de sentarse. Y nunca dejes solo al bebé, ni siquiera lo pierdas de vista un instante, ya que los niños tan pequeños pueden ahogarse con facilidad por poca agua que haya.

Utiliza un termómetro para bañera a fin de comprobar si el agua está a temperatura corporal, es decir, a 37 °C. Conforme vayas ganando en experiencia, puedes utilizar tu codo para medir la temperatura del agua, pero siempre será más seguro el uso de un termómetro. Comprueba continuamente la temperatura del agua, ya que acostumbra enfriarse muy rápido.

Evita los jabones perfumados y los baños de burbujas. En realidad no hay necesidad de utilizar otra cosa que no sea simplemente agua; en caso contrario, solamente aumentarás el riesgo de que su sensible piel se irrite. Añade agua fría al baño primero, luego templada; así evitarás el riesgo de quemaduras.

Si deseas enjuagar el pelo de tu bebé, probablemente sea mejor hacerlo justo antes de meterlo en el baño. Sostenlo a lo largo de uno de tus brazos con la cabeza sobre el baño y vierte agua sobre su pelo con la otra mano ahuecada. Intenta evitar que el agua corra por su cara y sus ojos. Si tiene menos de un año, tu bebé no necesita champú. Cuando sea más mayor, añade una cantidad pequeña de champú suave para bebé al agua del baño y frótale la cabecita con delicadeza.

Una vez que el bebé esté en el baño. Prueba a hablarle o a cantarle para mantenerlo tranquilo. Después sácalo de la bañera y colócalo, para secarlo, en una toalla situada sobre la mantita de cambiarle.

El cuidado de los dientes del bebé

A los bebés suelen salirles los dientes alrededor de los seis meses de edad, pero algunos comienzan a los tres meses y otros se retrasan hasta los doce.

Tarde o temprano, tu bebé tendrá veinte piezas dentales antes de cumplir los dos años y medio. Esos dientes de leche son muy importantes, no solo porque le permitirán comer, sino porque le ayudarán al hablar y prepararán el camino para su segundo y definitivo conjunto de dientes.

Es obvio que mantener sus dientes limpios es una operación importante, y es mejor que se acostumbre cuanto antes… ¡Un buen trabajo para los papás! Es fundamental que se limite la cantidad de comidas azucaradas que consume el bebé, especialmente las bebidas, que seguramente tardará en consumir mucho tiempo. Los zumos de frutas ácidas pueden dañar la superficie de los dientes del bebé, y el zumo de manzana es especialmente dañino. Por lo tanto, te recomendamos que diluyas estas bebidas hasta convertirlas prácticamente en agua aromatizada. La fruta fresca y las verduras son muy buenas para los dientes de los niños, porque su dulzura es natural y porque cuando el pequeño las muerde, limpia y fortalece con ello sus dientes.

CUIDADO DE LOS DIENTES

Limpiar uno o dos dientes con un paño Frota suavemente los dientes y encías del bebé con un trozo de gasa para eliminar la placa, los ácidos y las bacterias que causan el deterioro de los dientes. También puedes utilizar bastoncillos de algodón.

Cepillar los dientes noche y día Sienta a tu bebé sobre tu regazo y cepilla con cuidado sus dientes y encías. Un movimiento suave hacia arriba y hacia abajo eliminará toda acumulación de placa. Ten cuidado especialmente mientras cepillas sus molares por si le produces arcadas o tocas una parte sensible de su garganta con el cepillo.

Cambio de pañales

Si de verdad quieres participar en el cuidado de tu hijo, el cambio de pañales es una gran oportunidad para implicarte. Uno de los aspectos positivos de esta actividad es que te permite disfrutar de un valioso tiempo a solas con tu hijo.

¿Tela o desechable?

Con diferencia, el tipo de pañal más utilizado es el desechable, que es muy absorbente, rápido y fácil de usar, se encuentra en una amplia gama de tamaños y variedades y, por supuesto, puede tirarse a la basura después de cada cambio.

La alternativa son los pañales reutilizables de tela, que ahora también se encuentran en una amplia gama de estilos, con broches o con Velcro®. Esta opción tiene mayores gastos al comienzo, pero debería suponer un ahorro conforme más tiempo emplees los pañales reutilizables, sobre todo si pensáis tener más hijos.

Desde un punto de vista práctico, los pañales de tela deberían cambiarse con mayor frecuencia, ya que no son tan absorbentes como los desechables, pero un cambio regular del pañal también significa que tu bebé tiene menos probabilidades de sufrir irritaciones. La media nos dice que durante los primeros dos años y medio de vida, el bebé utiliza al día entre 4 y 6 pañales desechables o entre 6 y 12 pañales

de tela. Puedes emplear forros de papel para reducir la suciedad de los pañales de tela, pero no puede negarse que es algo engorroso, además de que poner en remojo los pañales usados hasta que vayan a ser lavados es arriesgado. Una de las formas de evitar este asunto tan desagradable es utilizar un servicio de lavandería semanal. Tu hijo puede utilizar los pañales de tela durante el día o cuando esté en casa y los pañales desechables por la noche o cuando salgáis de paseo.

Dónde cambiar al bebé

Si tu bebé es aún pequeño, la mejor forma de mantenerlo tranquilo es llevarlo a un lugar silencioso y cálido, como su habitación o el cuarto de baño. El lugar más seguro para realizar la operación es una mantita para cambiar pañales rellena de esponja, que situarás en el suelo para evitar que el bebé ruede y caiga desde una superficie alta. Pero si el bebé es tan pequeño que todavía no sabe rodar sobre sí mismo, puedes cambiarlo sobre una superficie a la altura de la cintura. En ese caso, la regla de oro es tener a mano y listo para ser usado mucho de todo lo que necesites, esto es: algodón, agua tibia o toallitas húmedas sin perfume y, si utiliza pañales desechables, bolsas perfumadas para meter el pañal sucio.

La historia de Jack

Lo último que me esperaba es que disfrutara cambiando los pañales al bebé. Él no paraba de sonreír, haciendo pompitas y disfrutando de la atención extra. A mí también me hacía sentir que estaba contribuyendo activamente a su cuidado; cuanto más sucio estaba su pañal, más satisfacción experimentaba yo por el trabajo hecho. Me hacía sentir bien, sobre todo cuando estábamos con otras personas y me llevaba aparte al bebé para limpiarlo. Uno de los momentos de los que estoy más orgulloso fue una noche en la que logré cambiarle el pañal sin que se despertara; en aquel entonces tanto mi pareja como yo estábamos desesperados por dormir un poco.

LA RUTINA DEL CAMBIO DE PAÑAL*

Asegúrate de tener a mano todo lo que necesites.
No olvides tener algunos juguetes que te ayuden
a distraer a tu bebé. Habla y canta a tu hijo mientras
le estés cambiando, mírale a los ojos, acaríciale
y hazle cosquillitas en los brazos, piernas y pies,
como un masaje suave.

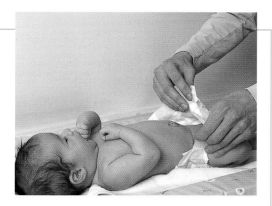

1   Acuesta a tu bebé boca arriba sobre la mantita,
    asegurándote de sujetarle la cabeza y la base
    de la columna conforme lo vas bajando. Si está
    vestido, desnúdalo hasta dejarlo solo con el
    body o con el pañal.

2   Suelta las tiras de sujeción del pañal y retíralo.
    Utiliza la parte del pañal que no esté sucia
    para una primera limpieza del culito. Los niños
    suelen orinarse al poco de retirarles el pañal
    como reacción al frío del aire. Deja caer un
    pañuelo o una toallita sobre su pene para
    desviar el chorrito, o, si el pañal solo está
    mojado, sostenlo sobre la zona genital hasta
    que haya pasado el peligro.

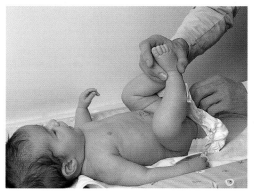

3   Enrolla el pañal con una mano (mantén
    la otra sobre tu bebé) y colócalo donde
    no vayas a darle con los pies. Ahora, limpia
    cuidadosamente (véase la página 35) todos los
    pliegues de la piel y utiliza toallitas nuevas para
    la zona genital y el culito, a fin de no extender
    posibles infecciones. Sécalo con toquecitos.

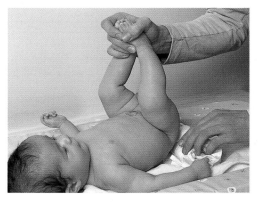

4   Extiende un pañal nuevo; deslízalo debajo del
    bebé y fíjalo por los costados. Una vez que tu
    hijo esté vestido, mete el pañal desechable en
    una bolsa y tíralo a la basura o coloca el pañal
    de tela sucio en un cubo.

*   Este método vale tanto para pañales
    desechables como para pañales de tela
    con forma, tipo Velcro® o con broches.

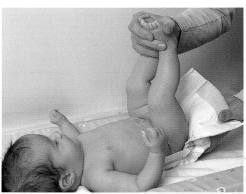

Vestir a tu bebé

Vestir a tu hijo puede ser un auténtico placer, pero también puede resultar complicado. Tu hijo se pasará la mayor parte de su vida de bebé con camisetas de mangas cortas y de cuerpo completo sin perneras, conocidas como bodies, y con monos de cuerpo completo, conocidos como peleles. Elige prendas fabricadas con fibras naturales suaves y resistentes, pero cómodas, y amplias para que le sirvan más tiempo a medida que crezca.

Bodies

El mejor tipo de body es el que se cierra en la entrepierna, pues permite cambiar al bebé sin que coja frío. También es importante que tenga

el escote abierto para que, en caso necesario, puedas quitar a tu hijo la prenda bajándola

---

RUTINA PARA VESTIR Y DESVESTIR AL BEBÉ

Meterle el body por la cabeza Acuesta a tu bebé sobre una superficie cálida y acolchada y recoge, con las dos manos, toda la tela del body alrededor del escote del mismo. Desliza el body por detrás de la cabeza del bebé estirándolo para que se abra bien. Levanta suavemente la cabeza de tu hijo. Coloca la abertura por encima de su coronilla y tira suavemente del body para pasarlo por su cabeza.

Meter sus brazos en las mangas Alisa la tela del body que está alrededor del cuello del bebé. Toma una de las mangas, recoge la tela con una mano

y sostenla con tu pulgar dentro de la manga. Con la otra mano, sujeta suavemente la muñeca de tu hijo y desliza la manga por su mano y su brazo.

Colocar los broches Desliza suavemente el body por la parte de delante del bebé. Levanta ligeramente su culito para deslizar la parte baja del body por debajo y tira hacia arriba con delicadeza entre sus piernas. Comienza emparejando y cerrando los broches de la parte externa del mismo lado, los de delante con los de detrás. Luego, puedes colocar el resto de los broches con la seguridad de que no te sobrará ninguno.

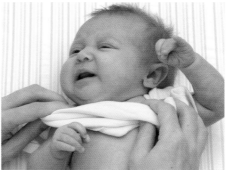

por los hombros, la espalda y las piernas, lo que puede ser de mucha ayuda cuando se ha manchado la parte trasera de la prenda.

Los bebés no regulan bien su temperatura corporal, por lo que es importante que tengamos en cuenta el entorno antes de decidir con qué ropa vestirlo. Una clave básica sería ponerle siempre una capa más de ropa que la que tú lleves. Varias capas de ropa fina dan mejor resultado que una sola gruesa, simplemente porque es más fácil controlar la temperatura del bebé reduciendo o aumentando el número de capas según se necesite. En otoño y en invierno es fundamental un gorro, ya que los bebés pierden mucho calor por la cabeza. En verano, tu bebé también necesitará una gorrita para protegerse del sol.

Viste siempre a tu pequeño en un lugar cálido y confortable, y asegúrate de que tienes a mano todo lo que necesitas. Este tiempo a solas con él es una buena oportunidad para reforzar vuestros vínculos; háblale, acaríciale con tu nariz y dale suaves masajes. Intenta mirarle a los ojos tanto como puedas y utiliza las prendas de vestir como entretenimiento, por ejemplo, jugando a «cucú... ¡aquí está». Haz que la experiencia sea todo lo placentera posible para los dos, pero sin prolongarla demasiado.

Para quitar un body limpio (hacia arriba) Acuesta al bebé sobre una superficie cálida y acolchada y suelta los broches. Desliza el body hacia arriba del cuerpo del bebé. Recoge una de las mangas con una mano y utiliza la otra para guiar suavemente el brazo del bebé fuera de la manga. Repite esta operación con la otra manga. Recoge el body a la altura del cuello de tu bebé, estira la abertura tanto como puedas para evitar arrastrar la prenda sobre su cara. Tira del body por encima de su cara hasta la coronilla con un solo y delicado movimiento. Levanta su cabeza suavemente para retirar el body.

Para quitar un body sucio (hacia abajo) Retira el pañal sucio y límpiale el culito. Levanta su cabeza. Estira el escote hasta los hombros. Déjalo acostado y desliza la abertura hacia abajo por sus brazos. Estira el escote para abrirlo y levántale los brazos fuera de las mangas. Recoge toda la tela del body y deslízaselo por las piernas hacia abajo.

Peleles

Esta prenda de una sola pieza es fantástica para los bebés. Los peleles mantienen al bebé caliente y cómodo por igual, y hacen la vida más fácil a los padres, ya que solamente necesitas una única prenda de vestir para cambiar el pañal a tu bebé o para prepararlo para dormir.

Estas prendas pueden llevarse las veinticuatro horas del día cuando tu bebé es muy pequeño, y sirven como excelentes pijamas cuando es algo más mayor. Algunos peleles tienen cremallera delantera, con lo que son muy fáciles y rápidos de poner, pero el riesgo de pellizcar la piel u otras partes del cuerpo del bebé hace que sean preferibles los que incorporan broches.

No obstante, después de muchos lavados, las prendas tienden a ceder y se vuelve prácticamente imposible colocar todos los broches.

Cuando estés eligiendo un pelele, recuerda que las tallas por edades varían mucho entre unos fabricantes y otros y que la única guía fiable es la altura y peso de tu bebé. Cómpralos amplios para que tu hijo pueda estirarse y crecer cuando los tenga puestos.

Son pocos los bebés que disfrutan del hecho de desvestirse, en parte por el cambio de temperatura, y en parte porque simplemente no les gustan los cambios. Por lo tanto, sigue las reglas habituales para que tu bebé se sienta seguro y esta sea una experiencia lo más placentera posible para ambos.

HABLEMOS SOBRE | COMPARTIR LAS TAREAS

Posiblemente, durante los primeros meses de vida de tu bebé te parecerá que necesita que le cambien el pañal y la ropa todo el tiempo. Esto supone un montón de trabajo, que puede ser irritante, sobre todo si sucede justo cuando empiezas a relajarte después del último cambio. Es inevitable que estas tareas generen tensiones en la casa, y tu pareja se mostrará descontenta si le parece que no eres lo suficientemente rápido en dejar tus cosas y ayudar. Una buena forma de enfocar este asunto consiste en dividir la responsabilidad de cambiar al bebé entre los dos a lo largo de la semana. Por ejemplo, ella haría el turno de mañana, mientras que tú te marchas al trabajo, y luego, tú tomas el relevo en cuanto regreses a casa. Otra posibilidad consiste en que tu pareja se ocupe de lunes a viernes y tú lo hagas los fines de semana. Está claro que estas reglas impuestas se romperán con frecuencia y siempre por alguna buena razón, pero al menos, si discutís el tema, y tu pareja percibe que no evades el trabajo, es menos probable que haya fricciones continuas.

RUTINA PARA PONER Y QUITAR UN PELELE

Preparar la prenda Abre todos los broches
y extiende el pelele sobre una superficie
suave y cálida. Acuesta a tu bebé sobre el pelele.

Meter sus brazos en las mangas Recoge las mangas
y deslízalas suavemente por las muñecas del bebé,
con cuidado de que sus dedos y uñas no queden
enganchados. Es posible que necesites estirar
los puños del pelele para que pasen sus manitas.

Meter sus piernas Toma una de las piernas, recoge
la tela del pantalón y desliza su pie hasta que los
deditos toquen el final. Luego, desliza el pantalón
hacia arriba de sus piernas.

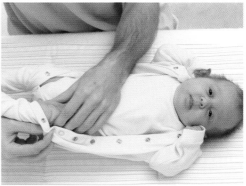

Cerrar los broches Alinea los dos lados del pelele
en la parte delantera de tu bebé y cierra los broches
comenzando por el de arriba y avanzado hacia la
entrepierna. Esta es la parte más fácil de abrochar
y hará que tu pequeño deje de retorcerse mientras
que te ocupas de las piernas. Cierra los broches
de una de las perneras desde el tobillo hasta
la entrepierna, y luego haz lo mismo con la otra
pierna.

Quitar el pelele La forma más fácil de quitar un
pelele es desde los dedos de los pies hacia arriba;
probablemente tu bebé sacará las piernas del pelele
en cuanto abras los broches de las perneras. Abre
todos los broches del pelele y sujeta a tu hijo las
rodillas mientras vas sacándole las perneras. Levanta
el culito de tu bebé y desliza la parte inferior del
pelele hacia arriba de su espalda. Sujeta el codo
de tu hijo y, sin tirar, sácale el brazo de la manga.
Si la parte inferior del pelele se ha ensuciado,
probablemente prefieras comenzar por los brazos
y terminar por las piernas.

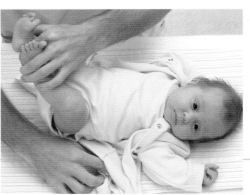

La alimentación

Lactancia materna

No existe ninguna duda: el pecho de la madre es la mejor forma de comenzar la vida para tu bebé. La lista de potenciales ventajas para la salud y el desarrollo de tu hijo es bien larga y las investigaciones médicas siguen encontrando nuevas razones para este tipo de alimentación natural. La leche materna supone también ventajas a largo plazo para la salud de tu pareja, le ayuda a recuperarse más rápidamente de su figura de embarazada y refuerzas el vínculo afectivo entre madre e hijo.

Asimismo, dar el pecho al bebé supone mucho menos trabajo; pues no hay biberones que limpiar ni es necesario preparar la leche, y por la noche resulta mucho más cómodo para ambos padres, en especial para las madres porque, después de alimentar al bebé, solo tienen que darse la vuelta y seguir durmiendo.

Dicho esto, existen determinadas circunstancias en las que puede ser difícil dar el pecho al bebé,

por ejemplo, si se da un condicionante físico, o si no fuera recomendable (porque la madre está tomando determinados medicamentos) o, igualmente importante, si una mujer decide firmemente que no quiere dar el pecho. Es posible incluso que aunque una mujer esté decidida a dar el pecho a su bebé, le resulte difícil aprender la técnica correcta, o que alguna circunstancia o enfermedad le suponga un problema.

Así que la decisión entre dar el pecho al bebé o darle biberones podría no ser tan sencilla; incluso puede suceder que habiendo decidido darle el pecho, no siempre se consigan los resultados esperados. Muchas mujeres que comienzan a dar el pecho dejan de hacerlo a las seis semanas del nacimiento.

Si tu pareja desea de verdad dar el pecho al bebé pero se ve incapaz de hacerlo, esto podría suponer un impacto psicológico y necesitará de toda tu comprensión y apoyo. Se ha dado el pecho con éxito a bebés prematuros, a bebés que

necesitan cuidados especiales e incluso a bebés adoptados, así que aseguraos de que tanto tú como tu pareja buscáis toda la ayuda posible. Podría ser que los padres se sintieran excluidos del estrecho lazo que se establece entre madre e hijo cuando ella le da el pecho. Si es tu caso, tu pareja podrá en los momentos adecuados extraerse algo de leche para que tú la des al bebé en un biberón; también podrías dar al bebé un biberón de leche artificial o de agua (si vuestro médico lo recomienda). Hasta entonces, deja que la mamá y el bebé sigan con las tomas del pecho mientras que tú disfrutas de la paz y la tranquilidad del momento. Por supuesto, siempre podrás ayudar acercando el bebé a la madre cuando tenga que alimentarse y volviendo a ponerlo en la cuna cuando haya terminado.

A pesar de todas las ventajas de la leche materna, tener que criar al bebé con leche artificial no supone ningún desastre, ni mucho menos. La leche artificial aporta todos los nutrientes que necesita tu hijo; de hecho, puede tener incluso más que la leche materna. Los bebés pueden absorber los nutrientes de la leche materna más rápidamente, pero eso no es ningún problema. La gran diferencia reside en que la leche materna contiene una serie de ingredientes extra, que matan las bacterias, combaten las infecciones y, en general, fortalecen el sistema inmunitario del bebé.

En todo caso, al margen de estos datos, y de cuál sea tu opinión sobre cada tipo de alimentación, la decisión final será cosa de tu pareja, ya que se trata de su cuerpo.

Cualquiera que sea el método, el momento de las tomas del bebé es un placer que ninguno de vosotros debería perderse. Incluso

DAR EL PECHO EN PÚBLICO

Según las encuestas, hasta un 60 por ciento de las mujeres han sido importunadas al intentar dar el pecho a sus hijos en lugares públicos. Incluso se ha pedido a las mamás que daban biberones que dejaran de hacerlo. En Escocia incluso se ha aprobado una ley para evitar esta discriminación. Esta preocupación por la alimentación del bebé en lugares públicos es una de las razones clave por las que se deja de dar el pecho tan pronto, por lo que tu apoyo en esta causa es necesario.

cuando tu bebé esté tomando el pecho, puedes sentirte realmente involucrado simplemente contemplándolo y ofreciendo tu apoyo.

Los biberones

Decidirte por alimentar a vuestro bebé mediante biberones significa que tanto tú como tu pareja deberéis comprometeros a mantener unos altos niveles de limpieza en todos los aspectos del proceso de alimentación. Todo lo que hagáis por vuestro hijo en las primeras etapas de

HABLEMOS SOBRE | COMO ALIMENTAR AL BEBÉ

Si estás deseoso de dar tu opinión sobre si tu bebé debería tomar el pecho o biberones, los estudios sobre el tema demuestran que la decisión suele tomarse en las primeras fases del embarazo o incluso antes de la concepción. La opinión de la pareja y el deseo de que el padre participe en los cuidados del bebé suponen una gran influencia sobre la decisión de la madre. Por eso es importante que te asegures de que tu pareja conozca tu posición al respecto lo antes posible, y que ambos seáis totalmente conscientes de las ventajas e inconvenientes de cada método.

su vida debería ir dirigido a mantener su salud y a evitar las enfermedades, pero su alimentación exige una vigilancia extra para evitar algunas de las infecciones más desagradables.

Como padre, es posible que no estés tan involucrado como querrías en la alimentación y en las actividades para establecer lazos de unión con él, pero si ayudas a preparar todo el equipo necesario cada día, sería una gran ventaja para tu pareja y esta contribución también te supondría una satisfacción extra.

LAS VENTAJAS DE LA LECHE MATERNA

La Organización Mundial de la Salud recomienda que se alimente a los bebés exclusivamente con leche materna hasta los seis meses de edad.

Los bebés que toman el pecho sufren menos infecciones de pecho, de oído, de estómago y urinarias; tienen corazones más sanos, mejor desarrollo cerebral; menor riesgo de alergias medioambientales; protección contra la diabetes y mejor desarrollo óseo.

También se ha descubierto que desarrollan niveles más altos de inteligencia y que tienen un mayor éxito social a lo largo de su vida.

Las madres que dan el pecho a sus hijos tienen menos riesgos de sufrir cáncer de ovarios o de mamas, pierden más peso y recuperan la silueta más rápidamente si dan el pecho al menos durante seis meses, y son menos propensas a la osteoporosis con el paso de los años.

Los padres también disfrutan de algunas ventajas. Sus parejas y sus bebés están más sanos y supone menos trabajo que los biberones.

Además, se estima que podrían evitarse infecciones comunes de la infancia si el 50 por ciento de las madres dieran el pecho a sus hijos durante seis meses (el doble de la tasa actual).

Una vez que el equipo de alimentación haya sido lavado, deberás esterilizarlo. Existen varias formas de hacerlo, y en la actualidad no se considera imprescindible hervir los biberones. Los kits de esterilización utilizan agentes químicos para este fin, o también puedes adquirir un esterilizador al vapor. Hay biberones que pueden esterilizarse en el horno microondas o en el lavavajillas con un programa caliente.

Cómo preparar leche artificial

Una vez esterilizados todos los elementos y lavadas las manos, puedes comenzar a preparar la leche. Normalmente tiene una base de leche de vaca o de soja, y puede adquirirse en envases de cartón, aunque es mucho más normal y económico comprar la leche en polvo y prepararla conforme se necesite.

Además de mantener todo escrupulosamente limpio, también deberás seguir al pie de la letra las instrucciones del fabricante. Es de especial importancia medir la cantidad de agua y leche en polvo correctamente porque si no lleva suficiente agua, tu bebé podría deshidratarse, pero si lleva demasiada, estaría desnutrido. Por lo tanto, como precaución, no uses un medidor colmado ni con la leche compactada.

Se pueden preparar varios biberones al mismo tiempo y guardarlos en el frigorífico hasta que hagan falta, pero recuerda que deberás desechar la leche que no uses en un plazo de veinticuatro horas. Cuando saques del frigorífico la leche que vayas a utilizar, puedes dejarla reposar para que adquiera la temperatura ambiente poco a poco o puedes introducirla en un recipiente con agua caliente.

Cómo alimentar a tu bebé

Es la hora de la toma de nuevo, solo que esta vez serás tú quien dé la leche a tu ansioso retoño. Si tu pareja está dando el pecho y se ha extraído leche para que puedas darla al bebé con un biberón, probablemente habrás estado demostrando un auténtico interés en el ritual

RUTINA PARA ESTERILIZAR BIBERONES

Lavar los biberones Necesitarás un cepillo para biberones a fin de asegurarte de que quedan bien limpios. Llena un recipiente con agua jabonosa caliente y sumerge los biberones. Presta especial atención a la rosca del biberón y a la cara interna del cuello, que suelen ser las zonas donde con más facilidad se aloja leche endurecida. Enjuágalos bien para evitar que se acumulen restos de detergente.

Lavar las tetinas Utiliza un cepillo específico para tetinas con el que alcanzarás todos los rincones difíciles. Vuélvelas del revés para terminar el trabajo y enjuágalas bien.

Seguir las instrucciones del fabricante Si utilizas equipos esterilizadores, sigue siempre las instrucciones para reducir al mínimo las posibilidades de que aparezcan bacterias. Una vez hayas terminado la esterilización, vacía el contenedor. Es posible que tengas que enjuagar los objetos con agua hervida y enfriada si estás utilizando tabletas esterilizadoras. Puedes usar los biberones inmediatamente o dejarlos en el esterilizador.

RUTINA PARA PREPARAR LA LECHE ARTIFICIAL

Hervir el agua Llena una cacerola con agua del grifo o filtrada y ponla a hervir. No utilices agua mineral ni agua desmineralizada, ya que el nivel de minerales y sales puede no ser el adecuado para el bebé. Vierte en el biberón agua hervida y enfriada.

Medir la leche artificial Utiliza el medidor que viene en el bote de leche, elimina el exceso de leche deslizando un cuchillo sobre el borde del medidor; no aplastes la leche en polvo.

Mezclar y guardar Vuelve a comprobar la cantidad de medidas necesarias y añádelas al biberón. Cierra bien el biberón como el taponador de rosca y luego agítalo con fuerza para que el agua y la leche se mezclen completamente. Sustituye el taponador por una tetina esterilizada. Puedes preparar varios biberones al mismo tiempo; guárdalos en el frigorífico hasta un máximo de veinticuatro horas.

de la toma durante las últimas tres o cuatro semanas. Este es un plazo de tiempo razonable para que tu pareja haya desarrollado adecuadamente el proceso de alimentación. Incluso si ella ha estado utilizando biberones desde el nacimiento, sin duda será mejor esperar a que ella considere que ha establecido un lazo de unión suficientemente fuerte con el bebé antes de que tú comiences a participar en esta actividad.

Dar la toma a tu bebé deberá ser una experiencia íntima, que garantice la unión entre vosotros. Observa cómo tu pareja se relaciona con vuestro hijo mientras le alimenta para que puedas reproducir esa atmósfera tan especial. Siéntate y ponte cómodo porque pasarás en esa posición un buen rato; también podrías poner algo de música relajante que te ayude a estar tranquilo y disfrutar de la experiencia.

Sacar el aire al bebé

Los bebés suelen tragar aire al alimentarse, sobre todo si lo hacen con biberones, ya que no les resulta fácil conseguir una succión estanca con sus labios alrededor de la tetina. El aire puede formar burbujas en el estómago de tu bebé y le harán sentir incómodo o lleno, por lo que deberás ayudarlo a expulsar el aire mediante ventosidades o eructos.

Algunos bebés necesitan más ayuda para echar el aire que otros, y es posible que descubras que cambiando unas tetinas por otras con una forma diferente se solucione el problema. Pero si tu bebé simplemente se queda dormido después de la toma, no hay ninguna necesidad de molestarle. Puede que tu bebé ponga los ojos en blanco o los gire, pero no te asustes porque se trata de una reacción perfectamente normal.

Además de echar el aire, es posible que tu hijo eche un poco de leche. Al contrario que un auténtico vómito, suele ser leche que estaba en su boca, y el bebé no parece darse mucha cuenta. A veces sucede esto por exceso

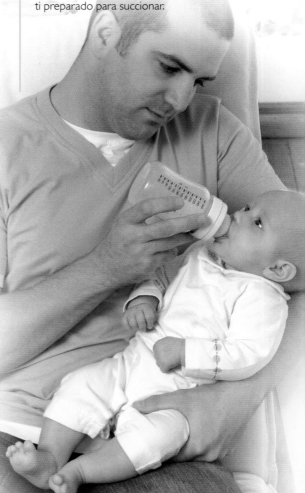

RUTINA PARA DAR EL BIBERÓN

Calienta la leche Utiliza una cacerola de agua caliente o un calentador eléctrico de biberones para calentar la leche (véase el recuadro). No utilices el horno microondas, ya que no calentará la leche por igual, y en el caso de la leche materna se destruyen ingredientes que fortalecen el sistema inmunitario del bebé.

Comprueba la temperatura
Antes de dar la leche a tu hijo, deja caer algunas gotas sobre la parte interna de tu muñeca. Dásela templada, pero no caliente.

Acaricia su mejilla (1) Deja que tu bebé vea el biberón y acaríciale la mejilla. Se girará hacia ti preparado para succionar.

Ofrécele el biberón (2) Sostén el biberón en un ángulo de unos 45 grados para que el cuello del mismo quede lleno de leche y no haya burbujas de aire. Ofrece la tetina a tu bebé y déjale que la introduzca profundamente en su boca y comience a succionar.

Mantén el nivel de la leche (3) Sentirás en el biberón el efecto de succión. Ve modificando el ángulo en que sostienes el biberón para que la parte superior del mismo esté siempre llena de leche.

Retira el biberón (4) Cuando tu bebé haya terminado de alimentarse, o cuando tengas que sacarle el aire, introduce tu meñique por la comisura de sus labios para interrumpir la succión. Una vez haya finalizado la toma, desecha la leche que tu hijo no haya consumido.

CALENTAR LA LECHE

La mayoría de los padres prefieren calentar la leche del biberón para que se parezca más a la leche materna. Sin embargo, a los bebés no acostumbra importarles si está algo más fresca, siempre que esté a temperatura ambiente, no fría. No des al bebé leche que haya estado calentándose durante más de una hora.

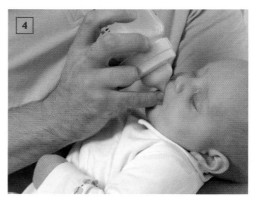

TRES FORMAS DE SACAR EL AIRE A UN BEBÉ

Sobre tu hombro Levántalo para que su cabeza quede por encima de tu hombro y mirando hacia el lado contrario a tu cuello. Utiliza una de tus manos para sujetar su culito y la otra para acariciar o dar toques suaves en su espalda.

Sentado Levanta a tu bebé hasta sentarlo sobre tus rodillas. Sujeta su cabeza con una mano, mientras que con la otra acaricias suavemente o das toquecitos alrededor de sus omóplatos.

Atravesado sobre tus rodillas Acuesta a tu bebé boca abajo con su vientre sobre una de tus rodillas y el pecho en la otra, o sobre tu brazo doblado. Su cabeza habrá de mirar hacia el lado contrario a ti y no debe haber nada que le obstruya la boca. Acaricia o da toquecitos suaves en su espalda.

de comida, pero normalmente se debe a que la válvula superior del estómago todavía no es lo bastante fuerte para evitar que los líquidos suban por el esófago. Puedes contribuir a evitar este problema sosteniendo recto el cuerpo de tu bebé a unos 30 grados durante y después de la toma.

No hay forma de evitar que las tomas de tu bebé resulten un asunto un poco engorroso o sucio por lo tanto es una buena idea si te colocas una toalla sobre las rodillas para proteger tu ropa, y pon a tu hijo un babero para no tener que cambiarle la ropita justo al terminar la toma.

Los alimentos sólidos

Para cuando tu bebé tenga entre seis y nueve meses de edad, comenzará a desarrollar nuevas formas de comunicarse y tú empezarás a sentir que vuestra relación puede ser ahora más plena. Será también alrededor de esa etapa cuando tu hijo podrá pasar a consumir alimentos sólidos, lo que te proporcionará una nueva oportunidad de participar más en sus cuidados. Con suerte, ya habrás estado preparando leche artificial o dándole algún biberón de leche materna; ahora podrás preparar comida para tu bebé.

No importa si eres un cocinero terrible. La mayoría de las recetas para bebés son una sencilla mezcla de nutritivos ingredientes, y lo mejor es que no tienes por qué preocuparte sobre el aspecto que tenga la comida, pues en esta etapa todo va debida y exhaustivamente triturado.

Existen algunos libros muy buenos de recetas con comidas rápidas, saludables y divertidas para niños de todas las edades, así que busca algo que tú puedas preparar y que a él le guste comer. Y no te desanimes si tu papilla perfecta o tu puré ideal terminan en el suelo. Será una auténtica ayuda para tu pareja en la cocina y ahorraréis tiempo en las comidas si preparas mucha cantidad de papilla o puré y, una vez metida en tarros adecuados, la congelas. Luego,

podrás sacar los tarros que necesites para cada comida y descongelarlos. También puedes congelar tarritos más pequeños de una sola verdura como, por ejemplo, puré de patatas, y luego preparar diferentes platos seleccionando tarritos variados. Ten cuidado si utilizas un horno microondas para descongelar, ya que la comida no se calentará de manera uniforme; por lo tanto, no olvides comprobar y mezclar todo bien para que todo el puré esté a la misma temperatura. Quizá el mejor método sería simplemente colocar el plato con la comida en una fuente grande de agua caliente y dejar que se vaya calentando lentamente hasta alcanzar la temperatura deseada.

Comer es divertido

Tu bebé tiene poca capacidad de concentración, por lo que nunca te resultará fácil conseguir que se mantenga interesado el tiempo suficiente para terminar una comida.

Al igual que haces al cambiar el pañal a tu hijo o bañarlo, deberás mirarle a los ojos, sonreír, hablarle y animarle todo el tiempo. Hazle ver cómo tú mismo pruebas la comida y cuánto te gusta. Intenta que el momento de la comida sea un juego, haciendo ruidos divertidos conforme le vas metiendo la cuchara. Prueba

a sostener esta en alto por encima de tu cabeza y llévala hasta el interior de su boca como si fuera un avión, o finge que se trata de un tren que se mete en el «túnel» de su boca; en ambos casos, acompaña todo este teatro de sus correspondientes efectos especiales.

Si tu bebé no se acaba la comida, no es ninguna tragedia —a pesar de que resulte muy frustrante para ti—, ya que siempre te hará saber cuándo tiene hambre de verdad. Pero si fallan todos los métodos, prueba a colocar su trona mirando directamente al televisor y sintoniza su programa favorito. Esto le mantendrá distraído hasta el punto de que apenas se dará cuenta de que está comiendo, y se acabará todo el plato. También puedes distraerle con un juguete.

Una de las cosas que podemos garantizarte con respecto a las comidas es que acabará por todas partes: sobre el niño, en el suelo, sobre los muebles y sobre ti, así que elige un lugar adecuado y no se te ocurra intentar darle de comer mientras llevas puesta tu ropa de trabajo. Pon al bebé un babero o un protector de plástico, y coloca algunos periódicos o un plástico en el suelo. Si tienes intención de darle un baño ese mismo día, es mejor esperar a que haya comido. Al final, es posible que tú también necesites bañarte.

Dar de comer con la cuchara

Tu bebé puede tardar varias semanas en dominar la técnica de comer con cuchara. Al igual que con los biberones, tendrás que esterilizar la cuchara y el plato. Sostén a tu hijo sentado derecho sobre tus rodillas o en una silla. Asegúrate de que lleva puesto un babero y de que tus rodillas también estén protegidas. Coge un poco de puré con una cuchara de mango largo y sostenla entre sus labios para que pueda succionar la comida. Ten cuidado de no introducir demasiado la cuchara en su boca o le producirás arcadas. Probablemente volverá a salírsele parte de la comida de la boca hasta que se vaya acostumbrando a tomarla con cuchara.

Ayudar a tu bebé a comer solo

La primera regla para enseñar a tu pequeño a comer solo consiste en no esperar grandes resultados en poco tiempo. Muchos bebés no dominarán el movimiento de la cuchara dentro del plato y luego hacia su boca hasta bien cumplido el primer año. Su desarrollo físico y neurológico no les permite todavía realizar una operación tan complicada.

Hasta el momento en que pueda utilizar una cuchara correctamente, la única opción que tiene tu hijo son sus manos (no es que se mantenga mucho más limpio cuando usa la cuchara). Comer con los dedos es sucio y poco eficaz, pero es importante que dejes a tu bebé comer solo —y a su ritmo— si quiere hacerlo. Puedes ayudarle cuando se haya aburrido, pero mientras tanto, necesita experimentar para aprender y es una forma excelente de desarrollar su coordinación mano-ojo. Prueba a darle una cuchara para jugar en su mano libre mientras que con la otra va comiendo, de uno en uno, guisantes cocinados.

Preparar a tu hijo platos que pueda comer con las manos es, naturalmente, una gran idea para esta etapa. Trocitos de verdura cocinada, tiras de fruta pelada, uvas sin pepitas, trozos de pasta cocida, o de queso y, por supuesto, sándwiches. Pero evita los frutos secos y los alimentos con semillas.

Una cuchara de plástico duro puede ser un instrumento peligroso en las manos de un bebé pequeño, así que será mejor darle

una con los bordes redondeados, que no le hará demasiado daño cuando se dé contra las encías y las amígdalas. También pueden adquirirse cucharas para bebés que cambian de color si la comida está demasiado caliente.

No te preocupes si el bebé no se interesa inmediatamente por tomarse la comida. Suele ocurrir que al principio no parece nada interesado, pero dejará el plato limpio en cuanto te des la vuelta. Si das de comer al bebé en una trona, merece la pena acostumbrarle a ella antes de que comience a tomar alimentos sólidos. Una vez que esté habituado a comer en la trona, probablemente tendrás que mantenerlo alejado de ella hasta que la comida esté lista para que no se aburra ni empiece a llorar durante la espera.

La elección de la trona es una decisión importante, dado el impacto que las buenas o malas comidas tendrán sobre tu valoración del día. Lo principal es encontrar una trona que sea segura y estable, que sujete a tu bebé cómodamente en su lugar y que sea fácil de limpiar. Comprueba exhaustivamente la calidad de los arneses de sujeción, sobre todo el dispositivo de cierre, y recuerda que estos estarán muy pronto cubiertos de comida, así que lo mejor será optar por una trona con arneses desmontables que puedan meterse en la lavadora.

Lo ideal es que la bandeja de la trona sea desmontable, así será más fácil de limpiar y tu pequeño podrá usarla en más ocasiones, además de para comer. Comer todos juntos es una forma excelente de estrechar los lazos familiares; además, ayuda a tu bebé a ser más sociable desde muy pequeño y le aporta disciplina a largo plazo. Por lo tanto, asegúrate de que la trona servirá para usarla con la mesa donde coméis todos.

Conforme tu hijo vaya reduciendo la cantidad de leche en su alimentación, tendrá que beber más líquidos para evitar la deshidratación. Procura que beba solo agua o zumos de fruta diluidos y sin azúcar. El zumo de manzana es especialmente ácido y deteriorará rápidamente la superficie de sus dientes si no se mezcla con agua a razón de una parte de zumo por cada diez partes de agua. Cuando empecéis a limitarle la ingesta de biberones, probablemente os encontraréis con que el bebé no quiere beber de su tacita adaptada. Solo es una cuestión de ensayo y error hasta que encontréis la taza adecuada a la demanda de flujo de tu bebé.

La historia de Richard

Cuando nuestro hijo comenzó a comer solo, me quedaba estupefacto al volver del trabajo y encontrarme al niño empapado en salsas, con comida por todo el suelo, sobre la mesa y sobre mi mujer. Yo me quejaba todo el tiempo de que ella estaba haciendo las cosas aún peor con toda esa comida pegajosa que le daba, pero ella me decía que el bebé tenía que probar cosas diferentes. El día que se comió su primer plato de espaguetis, lo hizo con las manos, colgando los espaguetis por encima de su cabeza y atrapando el otro extremo con la boca. Tenía toda la cara manchada de tomate y estaba irreconocible con la peluca de espaguetis que llevaba en la frente. Pero mi hijo estaba disfrutando de cada minuto de la comida, y nos reímos muchísimo. Cuando reflexioné sobre ello, me di cuenta de que tenía que tomármelo con más calma. Mi mujer tenía razón: el niño necesitaba explorar con la comida. Una vez me hube tranquilizado, empezó a hacerme mucha ilusión darle de comer los fines de semana, como tiene que ser cuando se trata de disfrutar de la comida.

Entretener a tu bebé

Con cada mes que pasa verás grandes cambios en las habilidades de tu bebé y en las cosas que le interesan. Su capacidad visual es limitada al principio, pero los objetos de colores vivos le mantendrán ocupado mientras está en la cuna, por lo que un móvil de figuritas siempre es una buena idea. Los recién nacidos responden especialmente a los objetos rojos y negros, así que intenta encontrar juguetes que combinen esos colores.

La vida es una experiencia constante para tu bebé y cada vez que emite un nuevo sonido o realiza un nuevo movimiento, descubrirá una nueva perspectiva o una utilidad diferente. Lo mismo ocurre con los sonidos y las voces nuevas, que serán una constante fuente de fascinación para él. Cuanto más estimules su interés y le permitas ver y sentir cosas nuevas, más rápidamente desarrollará sus habilidades. Pero, igualmente, demasiada diversión y actividad podría sobrecargarle.

No hay ninguna necesidad de gastar dinero en juguetes caros cuando tu bebé es todavía pequeño, ya que su nivel de atención es muy limitado y perderá el interés rápidamente. Los objetos corrientes de una casa pueden ser igual de divertidos. Del mismo modo, cualquier truquillo que hagas delante de él, como rodar una pelota, puede dejarlo perplejo y como hipnotizado. Si tú o alguna otra persona queréis comprarle algo especial, los juguetes interactivos, con montones de sonidos y partes móviles, mantendrán el interés del bebé por más tiempo y le ayudarán a desarrollar sus habilidades. Comprueba siempre las partes extraíbles que puedan suponer un peligro de ahogo, y procura que no haya piezas pequeñas que el niño pueda tragar o se queden atascadas en su garganta. ¡Una vez que el bebé sabe cómo coger objetos y metérselos en la boca, lo hará todo el tiempo!

JUEGOS SENCILLOS

Existen innumerables juegos sencillos que puedes compartir con tu bebé, y que serán divertidos para ambos, al mismo tiempo que le ayudarán a desarrollar el lenguaje, la vista, la memoria y la coordinación motora. A los bebés les encanta repetir acciones, así que hacerle muecas, cantarle canciones y recitarle poemitas, y jugar a «cucú... ¡aquí está!» le entretendrán. Puedes combinar todos estos con unas cosquillitas al final de cada acción y apenas podrá contenerse esperando el inevitable final. Anímale a imitar tus gestos y sonidos; esta destreza es un claro signo de desarrollo de la inteligencia. Los ruidos de animales son fantásticos para este juego. Y no te olvides de leerle cuentos.

Gatear para alcanzar un objeto Para cuando tienen seis meses, a la mayoría de los bebés les gusta estar tumbados boca abajo. Pueden empujar con sus brazos y levantar la cabeza y el torso, y asimismo pueden equilibrar su peso para estirarse y alcanzar objetos. Prueba a colocar uno de sus juguetes favoritos justo fuera de su alcance y observa cómo va a por él.

Una cesta llena de juguetes Los bebés tienen una capacidad de atención limitada, por lo que un gran número de juguetes sencillos será preferible a unos pocos y caros. A los bebés les gusta meter y sacar objetos de recipientes.

Juguetes interactivos Cuando tu bebé haya desarrollado algunas destrezas, disfrutará con los juegos de clasificar formas, presionar botones, mover palancas e imitar las acciones de los adultos que le rodean.

Juguetes multiuso Muchos juguetes pueden usarse de más de una forma. Los cilindros huecos, por ejemplo, pueden apilarse unos sobre otros o ensartarse con una cuerda para tirar de ellos.

Inventa tu propia diversión Algo tan sencillo como un trozo de tela o una pluma puede atraer el interés de tu bebé y enseñarle nuevas texturas y flexibilidades, así como favorecer su coordinación ojo-mano.

Juguetes colgante Muchos asientos o alfombras incorporan juguetes brillantes y colgantes. A tu bebé le resultarán atractivos y querrá alcanzarlos. Esto le supondrá un buen ejercicio, además de una estimulación visual.

HABLEMOS SOBRE EL EXCESO DE CAPRICHOS

Dada la vida tan acelerada que llevamos hoy día, no es raro tomar atajos para cubrir las necesidades de nuestros hijos. Esto podría traducirse en una compra constante de caprichitos como chucherías y juguetitos para entretener al niño mientras que nos ocupamos del trabajo, o en presentarnos en casa con un oso de peluche gigante porque nos sentimos culpables de no pasar suficiente tiempo con nuestro hijo. Pero es posible que tu bebé se vuelva cada vez más exigente, y pronto te darás cuenta de que le estás mimando demasiado. En estas circunstancias es fácil olvidarse de que el regalo más importante que puedes dar a tu hijo, y el que más valorará, es tu propio tiempo. Tú y tu pareja deberíais repasar qué es lo que le estáis dando a vuestro hijo en cuanto a regalos materiales y tiempo de calidad. Es posible que tengáis que soportar algún berrinche al principio, pero a la larga merecerá la pena. Otra buena idea consiste en establecer rotaciones de los juguetes de tu hijo.

Proteger a tu bebé

Hasta que tu bebé empiece a gatear, probablemente la seguridad en tu hogar no será una de tus principales prioridades. Pero es una buena idea ocuparse de los temas de seguridad general lo antes posible. Por ejemplo, puede que sea el momento adecuado de colocar las alarmas de humo que llevas años queriendo instalar.

Tendrás que ir replanteándote tus estrategias de seguridad en el hogar conforme tu hijo vaya aprendiendo a sentarse, rodar, gatear, ponerse de pie, caminar y trepar. Cuanto más pronto avances, antes de que tu bebé se mueva a su antojo y exija una atención constante, mejor.

Uno de los consejos generales que merece la pena recordar es que las reacciones en cadena pueden hacer que una situación aparentemente segura se convierta en peligrosa. Por ejemplo, una bebida caliente en el centro de la mesa de la cocina podría entrañar riesgo para tu bebé, si él agarrara el borde del mantel y tirara con fuerza.

La historia de David

Faltaban tres días para su bautizo y yo estaba sentado en el sofá hablando por teléfono con el sacerdote, ultimando los detalles de la ceremonia. Mi hija tenía seis meses y todavía no podía gatear, pero sabía cómo moverse rodando. Ella estaba dormida en el sofá junto a mí. Mientras que yo hablaba, se despertó y rodó hasta el borde del sofá aterrizando de cabeza en el suelo de madera. Me asusté mucho y, al tomarla en brazos, vi que tenía un chichón en la frente que crecía rápidamente. Por suerte el ambulatorio está tan solo a unos minutos de casa, así que la llevé allí de inmediato. Para cuando nos visitó el médico, mi hija parecía estar bien, aunque todavía tenía el chichón. El médico me preguntó si había estado inconsciente o si había vomitado, y si yo había podido distraerla con alguna cosa que le llamara la atención para que dejara de llorar. Las respuestas fueron no, no, sí. De repente, ya no parecía tan grave. El médico me recomendó que la observara durante la noche, si bien, en principio, no parecía probable que hubiera ningún problema. Según él, era bueno que le hubiera salido el chichón: «Mejor que esté por fuera y no por dentro del cráneo», me comentó. Cuando conté a mi mujer lo que había sucedido, no se lo tomó demasiado mal. Ella estaba mucho más familiarizada con los golpes y moratones de la vida de un bebé. Aun así, es cierto que le disgustó bastante que el accidente quedara inmortalizado en las fotos del bautizo de nuestra hija.

- No cojas bebidas ni comidas calientes mientras llevas a tu bebé en brazos.
- No dejes solo a tu bebé con otros niños; los accidentes ocurren.
- No dejes a tu mascota, incluso de toda confianza, sola con tu bebé.
- No dejes a tu bebé sin vigilancia sobre una superficie elevada.
- No dejes a tu bebé solo en la bañera.

Y no son solo los bebes que gatean los que pueden transformar tu hogar en un campo de minas. Muchos niños ruedan antes de poder gatear y, con un poco de práctica, lo hacen de una forma sorprendentemente rápida. Esto significa que pueden rodar para acercarse a objetos como las patas de una mesa y desestabilizarla haciendo que les caigan encima los objetos pesados que puedan haber sobre ella. También son muy rápidos tirando de los cables de la electricidad o metiendo los dedos en los enchufes. Por supuesto que es prácticamente imposible mantener el suelo limpio cuando hay un bebé en la casa, y siempre encontrará objetos suficientemente pequeños que llevarse a la boca, con el consiguiente peligro de atragantamiento. También se comerá rápidamente cualquier resto de comida que encuentre, cada uno con sus correspondientes bacterias, que podrían causarle algunos problemas de estómago. Asimismo, tu hijo se lastimaría si hay objetos pequeños y duros en el suelo y rueda sobre este. Al rodar, también es probable que el niño se golpee la cabeza contra los muebles y otros elementos a nivel del suelo, y podría quemarse si rueda contra el pie de un radiador o un calefactor. Pero, por supuesto,

el auténtico peligro aparece cuando ve una escalera y comienza a rodar hacia ella... Todos los peligros que afectan a los bebés cuando comienzan a rodar cabe hacerlos extensivos a los bebés que ya gatean. Por es, los bebés que gatean necesitan la vigilancia continua de un adulto hasta que aprendan a caminar. Desde ese momento, necesitarán la vigilancia continua de dos adultos.

Elegir y colocar una valla para la escalera

Si hay alguna escalera en tu casa, es imprescindible que coloques una valla en la parte superior e inferior de la misma. Si te decides por la opción «fácil» de la valla que se mantiene por sí misma mediante muelles, el inconveniente está en que la barra que se cruza por la parte baja del marco es un obstáculo constante para pasar. Una buena alternativa a las tradicionales vallas de metal o de madera son las de tela, del tipo persiana, que son muy versátiles y resistentes.

Mesas Comprueba y asegúrate de que las mesas sean estables y evita utilizar manteles, de los que pueda tirar tu bebé.

Chimeneas Pon delante una pantalla protectora, preferiblemente una que no se caliente.

Suelos duros Cúbrelos con alfombras antideslizantes para hacerlos más blandos. Comprueba si hay clavos salientes o astillas.

Cocina Procura mantener a tu bebé fuera de la cocina. Comprueba hasta dónde alcanza tu hijo y coloca cierres de seguridad para niños en los armarios y en los cajones.

Puertas Comprueba dónde se encuentra tu bebé antes de abrir o cerrar una puerta. Si deseas mantener una puerta abierta, utiliza un tope que la mantenga fija.

Escaleras Necesitas vallas de seguridad que impidan que tu bebé suba o baje por las escaleras.

Plantas Muchas de las plantas comunes en las casas y jardines son venenosas. Los bebés también se comerán la tierra y volcarán los tiestos.

Cuartos de baño Mantenlos limpios, con la puerta cerrada y el cepillo del inodoro fuera de su alcance.

5

¿Cómo debo afrontar su llanto?

Comprender el llanto de tu bebé

Antes de que tu pareja se quedara en estado (si tienes buena memoria, te acordarás), lo primero que probablemente pensabas cuando alguien mencionaba el tema de los bebés era el sonido del llanto. Un sonido infernal bien conocido, con esos niños irritantes de padres desconsiderados que conspiraban para helarte la sangre en las venas con insoportables chillidos en el transporte público, en los restaurantes y en las tiendas, además de en las reuniones familiares a las que tanta ilusión te hacía acudir año tras año.

Si lo piensas de nuevo, quizá podrías haber sido un poco más comprensivo, ¿no? Es probable que el bebé tuviera una buena razón para llorar; es posible que tuviera hambre, le doliera algo o estuviera aburrido. Lo que es seguro es que los padres también tenían ganas de llorar, ya que sin duda habrían intentado calmar a su bebé con todo lo que se les hubiera ocurrido. Puede que escuchar ese llanto fuera muy molesto para ti, pero, al menos, en esos casos podías sencillamente quitarte de en medio. Claro que, ahora, esa solución ya no te vale.

¿Por qué lloran los bebés?

Por lo general, los bebés acostumbran llorar una media de una hora de cada veinticuatro, y lo hacen por una serie de razones diferentes, a lo largo del día o de la noche. Los períodos de llanto suelen variar, por lo que a veces tendrás la impresión de que tu bebé llora más de lo que solía, cuando en realidad llora el mismo tiempo en total, pero lo hace según un nuevo patrón.

El llanto es la forma principal que tiene para comunicarse. Aunque también cuenta con elementos del lenguaje corporal y una serie de expresiones faciales que, sutilmente, revelan sus sentimientos y necesidades. Pero el llanto de tu pequeño es la forma que tiene la naturaleza de garantizarle que conseguirá aquello que necesita para sobrevivir. Tu hijo está pidiendo algo.

¿CÓMO DEBO AFRONTAR SU LLANTO?

La mayoría de los bebés pasan todos los días por un rato lloricón durante los cuales (suelen darse a la misma hora cada día) da igual lo que hagas, pues nada parece funcionar. Puedes intentarlo con un poco de música tranquila, una pequeña salida al aire libre o un paseo en el coche. Si tu bebé llora desconsoladamente a primeras horas de la tarde y tiene entre tres y catorce meses de edad, es posible que tenga cólico. Si no crees que se trate de cólico, y nada de lo que intentas da resultado, deberías consultar a tu médico.

Puede que necesite comida, bebida, alivio de algún dolor o que alguien juegue con él. Pero de lo que sí estamos seguros es de que su intención no es enfadarte. Tan solo hace lo que su cuerpo le indica que tiene que hacer.

Algunas personas restan importancia al llanto de un bebé, diciendo que el niño solo exige atención. Pero ¿de que otra forma, que no sea buscando la atención de sus padres, puede un bebé ocuparse de sus necesidades? Incluso si solamente se trata de aburrimiento o soledad. Piensa que un adulto que esté aburrido o solitario hará algo para remediarlo... ¿Por qué no lo haría un bebé?

Así que no hay forma de evitar que tu bebé pase cada día un tiempo razonable llorando. La mejor manera de disminuir el impacto sobre la salud de la familia es intentar dar respuesta a las peticiones tu bebé. Después de un tiempo serás capaz de reconocer los diferentes tipos de llanto según lo que tu hijo esté necesitando en cada momento. Por ejemplo, un llanto agudo y penetrante indica dolor, mientras que un llanto más grave y con refunfuños revela que está aburrido. Cuanto antes seas capaz de reconocer lo que tu bebé reclama en cada momento, antes podrás satisfacer sus necesidades y acabar con su llanto.

Por supuesto, será incluso mejor si aprendes a predecir sus necesidades antes de que comience el llanto, sabiendo reconocer sus reacciones ante determinadas situaciones y estímulos, observando sus patrones diarios de comportamiento o identificando su lenguaje corporal cuando se está preparando para regalarnos con otra ración de lágrimas.

La maldición del cólico

Ya es bastante perturbador que tu bebé llore durante una hora al día. Pero ¿qué ocurriría si llorara al menos durante tres horas diarias durante tres o más días a la semana a lo largo de tres semanas o más? Esa sería la definición oficial de cólico de bebé, quien, por otra parte, seguramente estaría sano y bien alimentado. Esta condición médica no tiene causa conocida ni curación demostrada, pero afecta a entre el 10 y el 20 por ciento de los bebés y puede llevar a los padres a la obsesión.

Se han expuesto muchas teorías, pero ninguna ha señalado una única causa, y esto bien podría deberse a que existe una serie de factores diferentes que dan lugar a los largos ataques diarios de llanto. La definición exacta de cólico, tal y como ya se estableció en la década de 1950, describe períodos de irritabilidad, lloriqueos, quejidos y llanto. Normalmente se produce durante las últimas horas de la tarde o primeras de la noche, justo cuando todo el mundo está ya cansado y estresado y la familia se prepara para cenar e irse a la cama.

Si tú te pasas todo el día en el trabajo mientras tu pareja está cuidando del bebé, está claro que necesitará mucho apoyo extra. Haz todo lo que se te ocurra para asegurarte de que duerme tanto como sea posible; cuida tú del bebé los fines de semana para que tu pareja pueda salir de casa, asegúrate de que se ve con sus amigos y familiares durante el día, contrata una canguro para que le sea más llevadera la presión, y tómate algo de tiempo libre en el trabajo cuando la situación se vuelva especialmente complicada.

La esperanza de librarnos de esta tortura reside en que el cólico normalmente desaparece

La historia de Paul

Nuestra hija ha padecido cólico desde el día de su primera toma y normalmente llora durante tres horas al día, a última hora de la tarde o a primera hora de la noche. Ahora acaba de cumplir los seis meses; según muchas publicaciones, padres y cuidadores profesionales, ese es el límite para que, un buen día, deje de llorar. Desgraciadamente, esto no se lo ha explicado nadie a ella.

El cólico produce mucho sufrimiento; también en mi caso. He intentado que deje de llorar hablándole con voz grave, empleando el tono severo de mi voz masculina, para que ella se dé cuenta de que yo soy el jefe, pero solamente funciona durante una fracción de segundo, durante el cual me mira intrigada, y acto seguido vuelve a llorar todavía más fuerte. Parece que sabe encontrar el tono perfecto para resultar lo más molesta posible, sobre todo si tengo que levantarme temprano para trabajar o si estoy intentando ver mi programa favorito de la tele. Por lo menos, todavía conservo mi sentido del humor... de momento.

CAUSAS POSIBLES DEL LLANTO PERSISTENTE

El cólico suele comenzar antes de las dos semanas desde el nacimiento, y se ha identificado una amplia gama de causas posibles, aunque ninguna de estas ha sido demostrada. Una vez hayas descartado las razones comunes por las que tu bebé llora, repasa la lista siguiente para ver si alguna te resulta sospechosa. Muchas de estas condiciones exigirán el consejo del médico antes de intentar aliviar los síntomas, y siempre será una buena idea consultar a un profesional de la medicina, por si el llanto pudiera deberse a un problema de salud subyacente.

Sistema digestivo inmaduro Una de las teorías sostiene que esta parte del sistema interno del bebé no se ha desarrollado plenamente todavía, y de ahí que sufra dolores de estómago. Un bebé con cólico suele levantar las rodillas hacia el viente mientras llora.

Sistema nervioso inmaduro Otra de las sugerencias es que el sistema nervioso de tu bebé se está desarrollando todavía y aún no puede soportar los ruidos fuertes, las luces brillantes o, en general, el estrés y los sonidos de la vida diaria en la casa.

Leche de vaca Se ha descubierto que algunos bebés sufren de intolerancia a la lactosa y a productos derivados, como el queso. Esto podría afectarles incluso si toman el pecho de la madre después de que esta haya consumido algún producto lácteo.

Infección Es posible que tu bebé tenga, por ejemplo, aftas, un resfriado o una infección de oído, y que esto le esté causando dolor o molestias.

Problemas prenatales Algunos bebés nacen con una hernia, otros con una cadera dislocada. Otros, al haberse comprimido su cabeza durante el parto, podrían tener dolores en el cráneo.

Sobredosis de lactosa Si un bebé no se agarra al pecho adecuadamente, podría sobrealimentarse. El exceso de lactosa que ingiere con la leche termina pasando a los intestinos, arrastrando fluidos y provocando la fermentación de las bacterias, lo que a su vez produce gases, excrementos sueltos y dolor de estómago.

Estrés de la madre gestante Las investigaciones han demostrado que los bebés cuya madre sufrió estrés por sucesos traumáticos durante el embarazo, son más propensos a sufrir cólico después de nacer.

Parto difícil Un parto vaginal complicado, por ejemplo, uno en el que se recurra a los fórceps, es una de las razones que suele citarse para explicar por qué unos bebés lloran más y duermen menos que otros. Los bebés que nacen mediante cesárea suelen tener un aspecto más relajado, ya que no han experimentado la compresión del canal del parto.

La historia de John

Siempre me ha parecido que cantarles canciones es una forma fantástica de calmar a mis hijos, especialmente cuando se despiertan por la noche o les cuesta quedarse dormidos. No me sé ninguna nana, así que cuando nació mi primer bebé tuve que recurrir a mis recuerdos del cole, buscando himnos y poemitas. La única canción de la que me sabía la letra era «Mi niño no tiene cuna», pero no parecía importarle que se la cantara una y otra vez, ya que a los bebés les gustan las repeticiones; de hecho, oír algo que puedan reconocer les hace sentirse seguros. En muchas ocasiones solo tenía que empezar a cantar para que mi hijo dejara de llorar. Era como si yo tuviera la contraseña que él necesitaba oír para relajarse y quedarse dormido otra vez.

a los tres meses del nacimiento y, con frecuencia, de una forma repentina. Para aquellos que tengan que sufrirlo, y por supuesto para el propio bebé, será una época muy difícil. Pero el cólico no tiene efectos negativos a largo plazo sobre el niño y el lado positivo es que puede servir para que la familia esté más unida. De hecho, desarrollará en ti una comprensión profunda de lo que le pasa al bebé y de sus necesidades, ya que habrás pasado mucho tiempo intentando descubrir la causa de su alteración. Y tu hijo podría también sacar una ventaja en su desarrollo gracias a la atención y cariño extra que recibirá durante este doloroso período.

Consolar a tu bebé cuando llora

Es importante que reacciones ante el llanto de tu bebé en pocos minutos. Cuanto más tiempo le dejes llorar, más se alterará y será más difícil identificar la causa original de sus problemas. Son muchas las razones por las que un bebé tendrá necesidad de llorar, al igual que nosotros experimentamos una enorme gama de sentimientos y estímulos que nos hacen comportarnos de la forma que lo hacemos.

Los bebés a los que no se presta atención cuando lloran se vuelven más indiferentes al madurar. Al reaccionar ante su llanto no le estarás malcriando, sino que estarás comunicándote con él y diciéndole que sus necesidades son importantes para ti y que te ocuparás de satisfacerlas.

Controlar tus emociones

Esto es lo más difícil. ¿Cómo lograr mantenerse tranquilo mientras que todo a tu alrededor parece un desastre total? Tu pareja está agotada y a punto de llorar después de un largo y duro día cuidando a vuestro hijo. Tú casi pareces sonámbulo ya que dormiste mal la noche anterior y has tenido un día complicado en la oficina. Ahora estás intentando acostar a tu hija, pero simplemente no se duerme. La paseas por el cuarto mientras le cantas, pero cada vez que

parece que se va a quedar dormida y te inclinas sobre la cuna para acostarla, se despierta otra vez y se pone a llorar de nuevo. Empiezas a tener la impresión de que lo hace a propósito para enfadarte... y lo está consiguiendo. Por supuesto que tu bebé no está complicándote la vida para fastidiarte.

Es inevitable que, en determinadas ocasiones, el comportamiento del bebé os vuelva locos a ti y a tu pareja. Pero es una respuesta natural y no hay nada de lo que avergonzarse, o sentirse incómodo, siempre y cuando seas capaz de controlar tus emociones y no pagues tu enfado con el niño.

Lo primero que debes hacer es admitir tu enfado, ya que solo desde ese momento podrás enfrentarte a él de forma constructiva. Una vez que hayas descubierto qué es, en concreto, lo que te provoca una reacción de enfado, y cuando sea más probable que esta se produzca, podrás desarrollar estrategias para controlar la situación.

Básicamente, cuando te enfrentas con una situación así, tienes que encontrar un medio mental o físico de liberar la tensión que crece dentro de ti, antes de que se produzca una explosión. Lo ideal sería que hubieras reflexionado sobre estos mecanismos de antemano, de forma que puedas concentrarte en un asunto mental o físico totalmente diferente en cuanto tengas la necesidad. Por ejemplo, antes de acostar al bebé, ten en mente otro asunto que te esté preocupando en ese momento y que no tenga nada que ver con tu vida familiar. Puedes centrar tus pensamientos en ese tema y, de esta forma, aislarte de los sonidos del llanto. Otra posibilidad consiste en elegir una canción para cantarla —a voz en grito o solo en tu cabeza— y recurrir a ella cuando la situación se vuelva complicada.

Para liberar la tensión física, puedes salir del cuarto y hacer ejercicio o caminar durante unos minutos.

También puedes probar con algunas técnicas de relajación. Por ejemplo, estando de pie y recto, realiza una inspiración profunda. Suelta el aire en una larga expiración, hasta que sientas que no te

■ CONSEJOS Busca el lado divertido

La clave para controlar tus emociones reside en que cambies tu pensamiento hacia algo totalmente diferente antes de que pierdas el control. Tu sentido del humor puede ser una cura instantánea en situaciones especialmente difíciles.

Cuéntate un chiste Ten siempre preparado uno de tus chistes favoritos o recuerda una escena divertida de una película o lo más gracioso que te haya ocurrido en tu vida, de forma que puedas sintonizar con ello cuando las cosas se pongan difíciles.

Pon unas muecas graciosas Por supuesto que tienes muy claro que tu bebé no es tu enemigo, pero cuando su comportamiento empieza a irritarte, imagínate que has vuelto a tus tiempos del cole y dedícale unas muecas graciosas. Este es un entretenimiento divertido que rompe la tensión, además de ser sorprendentemente terapéutico.

queda nada de aire dentro. Ve bajando los hombros lentamente conforme sueltas el aire. Luego, sin volver a tomar aire, sigue expirando, bajando todavía más los hombros, hasta que realmente sientas que tus pulmones están vacíos. Repite este ejercicio varias veces y verás como la tensión se va liberando de la parte superior de tu cuerpo.

La clave para controlar tus emociones reside en aclarar tu mente después de cada acontecimiento estresante. Si dejas que tu enfado se quede dentro, la próxima vez que tengas que enfrentarte a una situación difícil tus niveles de estrés estarán peligrosamente altos. Si tu hija se despierta cada hora durante la tarde-noche, plantéate algo que sepas que te liberará la presión entre cada visita a su dormitorio. Y asegúrate de tener la cena lista para poder sentarte a saborearla inmediatamente después de uno de sus episodios de llanto. Así no tendrás que tomarte una cena fría una hora más tarde, cuando empiece a llorar otra vez.

6

El sueño

—

El descanso y tu bebé

La vida era antes tan diferente... En aquellos días anteriores a los pañales y a los biberones, podías dar tu descanso nocturno casi por seguro. Podías quedarte levantado hasta tan tarde como quisieras, y gozabas del privilegio de quedarte en la cama las mañanas de los sábados y los domingos.

Ahora, dormir es algo bien valioso, y tendrás que negociar las horas de sueño con tu pareja con la vana esperanza de que dormirás lo suficiente para funcionar como un ser humano normal. Te quedas dormido a la menor oportunidad, en las posiciones más insospechadas, así que incluso sentado en el inodoro verás la ocasión de echar una cabezadita, hasta que tu pareja te despierte golpeando la puerta y acusándote de «esconderte».

Pero no sufras, pues esta situación de falta de sueño irá mejorando después de los tres primeros meses, cuando tu bebé vaya entrando en una rutina. Y hasta ese momento, tu falta de sueño será una buena forma de romper el hielo cuando conozcas a otros nuevos papás y mamás.

Elegir una cama para el bebé

Hasta que se acostumbre a dormir por las noches, podrás llevarte al bebé contigo cuando salgas de casa, por lo que su cama debería ser algo más bien portátil, como un moisés o una hamaca para bebés. Asegúrate de que el moisés tenga una base fuerte y ancha, que no presente bordes afilados y que incorpore un colchón firme que se ajuste bien a los lados.

Si optas por una cuna, no la compres de segunda mano, ya que no sabrás cómo ha sido usada. Elige una en la que los huecos entre los barrotes no sobrepasen los ocho centímetros y asegúrate de que viene con un colchón bien ajustado. Otra característica importante son los dispositivos liberadores de los laterales, que deberán tener mecanismos seguros y un diseño sencillo y práctico. Evita los que tengan cortes. Si te regalan la cuna, tendrás que comprar un

colchón nuevo, que deberá ser firme, estar cubierto de plástico y con los laterales y esquinas reforzados. Si compras un colchón de gomaespuma, asegúrate de que sea de alta densidad —unos 24 kilogramos por metro cúbico—, con secciones ventiladas en la parte superior e intermedia. Si eliges un colchón de muelles, busca uno que tenga al menos 150 muelles.

Ayudar con las tomas nocturnas

Al principio quizá parezca que una de las grandes ventajas de dar el pecho es que solamente puede hacerlo la mujer, y que el padre queda, por consiguiente, excluido de la obligación de las tomas nocturnas. Pero ¿cuántas mujeres aceptarán que su pareja se desentienda de toda responsabilidad sobre el bebé una vez que se

SÍNDROME DE MUERTE SÚBITA

El síndrome de muerte súbita del lactante (SMSL) o «síndrome de muerte súbita infantil», «muerte en cuna» o «muerte blanca», es la pesadilla de los padres, pero las investigaciones recientes han dado a conocer mejor los riesgos y su prevención.

Lo más importante es que siempre acuestes a tu bebé para dormir sobre su espalda, con sus pies tocando los de la cuna. Uno de los factores de riesgo es el tabaco, tanto durante como después del embarazo. No permitas que nadie fume en la misma habitación que esté tu bebé y no quemes incienso en su cuarto. Asegúrate de que su dormitorio esté entre 16 y 20 °C y cubre a tu hijo con varias mantas ligeras en lugar de con una sola gruesa. Evita los materiales aislantes como los protectores de cuna contra golpes, la piel de oveja y los edredones. No cubras la cabeza de tu bebé ni pongas una almohada en la cuna.

apagan las luces? Además, tú también te estarías perdiendo otra valiosa ocasión de establecer lazos de unión con tu hijo.

Incluso si tu bebé se alimenta exclusivamente de leche materna, también puedes ayudar sencillamente siendo el primero en salir de la cama para sacar de la cuna al niño cuando empiece a llorar. Puedes acunarlo y hablarle un poco para consolarle mientras que tu pareja adopta una posición cómoda para darle el pecho.

Si ella da el pecho al bebé en la cama, procura que haya una lámpara a su lado para que pueda leer y eso le ayude a pasar el tiempo, pero ha de ser una luz tenue que no moleste al bebé. Comprueba si ella tiene todo lo que necesita para estar cómoda, así como una muda de pañal y demás elementos básicos para el pequeño —aunque, por supuesto, tú siempre podrías encargarte de cambiar los pañales a vuestro hijo durante la noche. Dar el pecho da mucha sed, por lo que deberás asegurarte de que tu pareja disponga de abundante agua, y es posible que le apetezca una bebida caliente para comenzar. ¿Tiene a mano algo para leer? Busca sus revistas favoritas cuando salgas de compras para que no le falte de nada.

Después de unas seis semanas de dar el pecho, el lazo de unión entre madre e hijo se habrá establecido debidamente y tú podrás comenzar a dar al bebé algún que otro biberón, incluso durante la noche. Si tu hijo se alimenta exclusivamente de biberones, ¡no tendrás excusas para librarte del turno de noche! Incluso si tu pareja decide que ella se encargará de la mayor parte de las tomas nocturnas, aún puedes ayudar preparando los biberones de antemano, además de calentarlos cuando sea necesario.

Aprovechar al máximo tu descanso

Tu bebé tendrá que dormir en tu cuarto durante al menos las primeras seis semanas desde el nacimiento para que puedas responder con prontitud a sus llantos y para asegurarte de que no se sienta inseguro ni abandonado. Es inevitable que tengas que despertarte para ayudar a consolarle, pero es posible que no contaras con los ruidos que hará mientras duerme, como los resuellos, toses, respiración pesada y algún que otro chillidito, que también te interrumpirán el sueño. Luego están los sonidos que hace al comer de madrugada, que en mitad del silencio de la noche parecen amplificados hasta hacerte difícil conciliar el sueño cuando ya estás de bastante mal humor.

Lo más probable es que tu pareja se esfuerce muchísimo en cubrir las necesidades de vuestro

ACOSTAR AL BEBÉ PARA DORMIR

1 Aparta suavemente al pequeño de tu cuerpo. Desde la posición de acunado, ve deslizando los brazos suavemente, separándolos hasta que una de tus manos sostenga la cabeza y el cuello del bebé, mientras que la otra le sostiene por el culito. Sepáralo lentamente de tu cuerpo, por encima de una superficie acolchada.

2 Baja al bebé. Gira su cuerpo para alinearlo con el tuyo. Inclínate cerca de la manta de cambiarle o del colchón y desciende lentamente hasta colocar primero su culito.

3 Retira tus manos. Una vez que haya entrado en contacto con la superficie donde acuestes a tu hijo, libera suavemente la mano de soporte de debajo de su culito, luego baja la parte superior de su cuerpo y su cabeza. Mantén esta bien sujeta hasta que descanse cómodamente sobre la superficie antes de retirar tu mano deslizándola con suavidad.

COMPARTIR LA CAMA CON EL BEBÉ

Todavía no está determinado si es una buena idea que el bebé duerma en la misma cama de sus padres. Se dice que tiene algunas ventajas y que tu bebé se encuentra más cómodo y seguro, además de que los tres desarrollaréis un lazo fuerte como unidad familiar. Pero también existen peligros evidentes, y deberías seguir estos consejos si decides compartir la cama con tu pequeño.

- No duermas con el bebé si estás extremadamente cansado o si has consumido alcohol o drogas hasta el punto de que no puedas despertar con facilidad.
- No coloques al bebé debajo de mantas o cobertores pesados, ya que podría ahogarse si se desliza hacia la parte baja de la cama.
- No coloques a tu bebé sobre telas blandas y que puedan doblarse, ya que si se enrollara en ellas se asfixiaría.
- Tu pareja solo debería dar el pecho a vuestro bebé en una posición en la que no pueda quedarse dormida sobre él.

cuando tienen unos tres o cuatro meses, aunque algunos lo hacen cuando son mucho más mayores.

No obstante, los bebés que toman biberones podrían dormir todo este tiempo incluso con menos edad. Dicho esto, es importante que en las primeras semanas se establezca una rutina para el descanso que no dure más de 45-60 minutos. Esto ayudará al bebé a reconocer gradualmente las señales que le indican que es el momento de dormir. Puede probarse a darle un baño que le tranquilice y a ponerle ropa diferente para ir a la cama. Da de comer a tu bebé en un cuarto tranquilo iluminado con una luz tenue mientras lo acunas. Si es posible, sal del cuarto y deja que se vaya quedando dormido, pero no esperes que esto funcione siempre. Si tu bebé se despierta y llora durante la noche, será porque probablemente necesite algo (véase la página 60), aunque algunos padres creen que si acuden siempre que su hijito llora por la noche, nunca aprenderá a dormir de un tirón hasta la mañana siguiente. Cuando acudas a atender a tu bebé, intenta resolver el problema sin sacarle de la cuna y sin encender la luz. Acaríciale con suavidad y háblale dulcemente antes de salir del cuarto de puntillas.

bebé, y que, aunque esté muy cansada, siga ocupándose de tantas tareas de la casa como pueda. Anímala a echarse una siesta durante el día, cuando el pequeño esté dormido, o cuando tú estés en casa para ocuparte de todo. Si te dice que no está cansada, invítala a acostarse sobre la cama y a cerrar los ojos.

Estas siestas le permitirán ocuparse más eficientemente de las obligaciones nocturnas, y tú también saldrás beneficiado porque, estando más descansada, tu pareja te presionará menos. Puede sonar egoísta, pero es solo un trabajo de equipo.

Dormir toda la noche

Para la mayoría de los bebés, dormir toda la noche significa dormir durante un período ininterrumpido de cinco horas. Casi todos empiezan a seguir este patrón de sueño regular

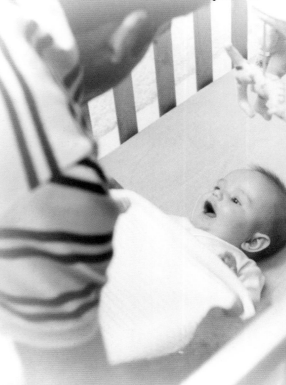

7

Salir de casa

Viajar con tu bebé

Nunca es demasiado pronto para incluir a tu bebé en tus salidas, siempre y cuando tomes algunas precauciones. Es recomendable evitar las aglomeraciones y las horas punta para librarte de empujones y de la cercanía de personas que podrían estar enfermas.

No hay que esperar a ninguna edad en particular para que tu bebé pueda salir a la calle, siempre y cuando tú estés bien preparado, y él, vestido adecuadamente.

Lo mejor es no escatimar en gastos cuando se trata de los elementos básicos de viaje y transporte, ya que unos artículos de calidad te harán la vida mucho más fácil al llevar a tu bebé y, con suerte, te servirán para otros hijos. Adquirir elementos de segunda mano como asientos de seguridad para coches conlleva un riesgo, aunque la familia y los amigos pueden ser una buena opción si te merecen confianza y conoces el historial de uso del artículo en cuestión.

Siempre aparecen nuevos productos y diseños en el mercado, así que una vez que creas saber lo que necesitas, investiga un poco y busca el consejo de vendedores especializados y de otros padres antes de realizar la compra.

Arneses y mochilas portabebés

Ambos te permiten mantener a tu hijo junto a ti y tener las manos libres. Los arneses se venden según la edad del bebé o su peso y con la mayoría de ellos puedes sostener a tu bebé junto a tu pecho de cara o de espaldas. Asegúrate de elegir uno que se adapte cómodamente y que sostenga a tu hijo con seguridad. Unas hombreras y un cinturón ancho y bien acolchado ayudan a distribuir bien el peso por igual; además, deberá contar con un apoyo rígido para la cabeza y el cuello del bebé. Los consejos para el uso del arnés están en el recuadro de la página siguiente.

Las mochilas para bebés más mayores son básicamente como mochilas de excursionista

con la parte superior abierta y están diseñadas específicamente para incorporar un asiento dentro del marco. Tu hijo podrá sentarse erguido y contemplar el mundo desde una perspectiva nueva y más elevada. También os será más fácil dar un paseo por el campo que con la sillita de paseo. Siempre y cuando adquieras una de calidad, la mochila portabebé deberá ser cómoda de llevar y sin duda te ayudará a fortalecer la parte superior de tu cuerpo —sobre todo con algunas mochilas que permiten acomodar a niños de hasta 22 kilogramos—. Asegúrate de que la mochila tenga

COLOCARSE UN ARNÉS PORTABEBÉS

Sigue las instrucciones del fabricante para ajustar las correas y hebillas. Cuando te sientas cómodo y el arnés esté colocado con seguridad, coge a tu bebé. Siéntate en una silla y abre el arnés. Sostén a tu hijo por las axilas e introdúcelo lentamente en el arnés. Una vez que esté cómodamente sentado, comprueba si el peso del bebé se reparte por igual, y regula las correas según se necesite. Cuando te dispongas a sacar a tu pequeño del arnés, asegúrate primero de que estáis los dos en un lugar seguro. Al igual que antes, siéntate en una silla, afloja las correas e inclínate hacia atrás conforme vas levantando al bebé. Acuéstalo en su cuna o sobre la mantita de cambiarle y, a continuación, quítate el arnés.

una sombrilla, ya que tu bebé se verá muy expuesto desde esa posición. Puedes llevar un espejito en la mano para comprobar qué hace tu bebé.

Elegir una sillita de paseo

La sillita de paseo será una de las compras más importantes que hagáis tu pareja y tú, ya que en el futuro es previsible que la llevéis con vosotros a todas partes.

Lo primero que deberás comprobar es si tu recién nacido puede acostarse cómodamente en la sillita. Esto es esencial, ya que si se sienta derecho durante demasiado tiempo podría dañarse su columna vertebral, en pleno desarrollo.

También deberás tener en cuenta tu comodidad, de forma que la altura y posición del manillar es importante, así como el peso y la maniobrabilidad de la silla. Si vives en una zona con caminos llenos de baches o con muchas cuestas, es posible que debas pensar en ruedas hinchables en lugar de sólidas, aunque también tendrás que invertir en un kit de reparación de pinchazos. Comprueba la facilidad de plegado, especialmente si tienes intención de utilizarla en el transporte público. ¿Cabe en el maletero de tu coche? ¿Y pasa por la puerta de tu casa? ¿Dónde la guardarás cuando no se use? Lo más importante es mirar bien, pedir que te hagan demostraciones y probar tú mismo con cada silla para saber qué impresión te causa.

Viajar en coche

A lo largo de los primeros años de vida de tu hijo tendrás que adquirir varios asientos para el coche, y elegir el correcto es vital desde el punto de vista de la seguridad. Los fabricantes tienen que cumplir con normas legales, por lo que la parte más difícil será encontrar el asiento que mejor se adapte a tu vehículo. Deberá ajustarse bien al asiento y con un movimiento lateral mínimo, pero ha de ser fácil de levantar para meterla y sacarla del coche. Al igual que al elegir la sillita de paseo, será útil ver una demostración, e incluso algunas tiendas la montarán en tu coche si lo solicitas.

Si tu bebé nace en un hospital, necesitarás una silla de coche para llevarlo a casa. Para esta primera etapa de su vida deberás elegir una que mire en sentido contrario a la marcha, que pueda sacarse del coche y utilizarse como arnés, como hamaca o que sea parte de una sillita de paseo. Este tipo de sillas que miran hacia atrás será la más adecuada para tu hijo durante bastante tiempo, al menos hasta los 9-12 meses de edad. Es mejor colocar el asiento de los bebés más mayores en el asiento de atrás, pero asegúrate de que no esté activado el airbag, ya que podría asfixiar al bebé si se disparara.

Un bebé pequeño no debería pasar largos períodos de tiempo dormido en su primera silla de viaje, pero un asiento transportable puede ser fantástico para echar una siestecita en el coche o para una visita rápida a un restaurante, y de vuelta al coche antes de que despierte. Para cuando tu bebé tenga alrededor de nueves meses, necesitarás una nueva silla para el coche. Esta será del tipo que mira en el sentido de la marcha y debería durarle hasta los cuatro años de edad. La mejor forma de determinar si tu bebé está ya preparado para el cambio es comprobar su peso con las instrucciones del fabricante.

Las tomas en los viajes

Una de las ventajas de dar el pecho es que es mucho más fácil dar de comer a tu bebé durante los viajes, en comparación con

EL KIT DE VIAJE BÁSICO

- Mantita para cambios de pañal, bolsas para pañales
- Toallitas húmedas
- Loción protectora solar
- Biberón de leche artificial (si el bebé no toma el pecho)
- Biberón con agua o zumo (para bebés mayores)
- Comida de bebé, plato, cuchara y babero (si está destetado)
- Una muda de ropa
- Sombrero, en verano o gorrito, en invierno.

todo el lío que supone el uso de biberones. La leche de tu pareja siempre está lista y a la temperatura correcta. Además, las tomas reducirán el estrés de tu bebé por encontrarse en un sitio nuevo. Tu pequeño normalmente dormirá todo el viaje, por lo que es buena idea intentar aprovechar esa circunstancia y viajar durante sus horas de siesta habituales.

HABLEMOS SOBRE EQUIPAMIENTO PARA LAS SALIDAS

Para cuando llegue el fin de semana, tanto tú como tu pareja tendréis muchas cosas que hacer durante esos dos preciosos días, y posiblemente también te gustaría que tu bebé disfrutara pasando un tiempo fuera de casa; además, sin duda encontraréis un momento en el que podáis relajaros vosotros dos. Así que no será difícil que caigáis en la trampa de intentar hacer demasiadas cosas. Los bebés y los niños pequeños pueden verse sobreestimulados rápidamente, y un día lleno de visitas, compras y viajes en coche será cansado para todos. Infinidad de actividades os parecerán importantes, o muy divertidas, pero tomaros algunos minutos para sentaros los dos y repasar vuestros planes. Cuenta, por ejemplo, cuántas veces vais a entrar y salir del coche, a cuánta gente veréis y a cuántos sitios pensáis ir. Lo que parecía perfectamente viable al principio, probablemente se verá ahora como una dura maratón.

8

Mi bebé ha crecido

Tu hijo empieza a caminar...

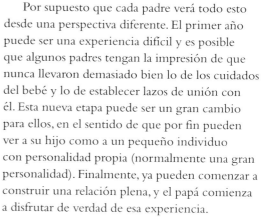

Suele llevar alrededor de un año desde el nacimiento hasta que tienes la impresión de que finalmente le has cogido el tranquillo a eso de cuidar del bebé. Ya dominas el arte del cambio de pañal y de las tomas, tienes un sólido vínculo con tu hijo y la relación con tu pareja es incluso mejor que nunca; además, te has adaptado por fin a los nuevos horarios. Justo cuando empiezas a disfrutar de este sentimiento de satisfacción, todo cambia.

De repente, tu bebé ya no es un recién nacido, ahora es un bebé que anda. Te quedabas maravillado con sus primeros paso, sus nuevas expresiones faciales, sus primeros intentos de balbucear palabras, y ahora estos aspectos de su desarrollo, aparentemente desconectados, han unido sus fuerzas para producir una bola de energía que no deja nunca de botar.

Por supuesto que cada padre verá todo esto desde una perspectiva diferente. El primer año puede ser una experiencia difícil y es posible que algunos padres tengan la impresión de que nunca llevaron demasiado bien lo de los cuidados del bebé y lo de establecer lazos de unión con él. Esta nueva etapa puede ser un gran cambio para ellos, en el sentido de que por fin pueden ver a su hijo como a un pequeño individuo con personalidad propia (normalmente una gran personalidad). Finalmente, ya pueden comenzar a construir una relación plena, y el papá comienza a disfrutar de verdad de esa experiencia.

En cualquier caso, este período es un punto de inflexión importante para los papás. Un niño que camina puede hacer todo tipo de cosas que un bebé pequeño no podía hacer, como, por supuesto, moverse a su antojo, hablar, trepar y decir «no». También cuenta con las habilidades rudimentarias necesarias para jugar al fútbol, con lo que se abre una amplia gama de actividades relacionadas con la pelota que hasta ese momento solo cabía imaginar, incluyendo el disfrute de ver fútbol por la televisión, aunque durante períodos de tiempo muy breves.

Así que un bebé que camina puede suponer una gran cantidad de diversión extra, y los papás pueden disfrutar de nuevas satisfacciones si aprovechan las oportunidades para implicarse más en las vidas de sus hijos.

Por supuesto que también aparecen muchos nuevos retos. A niveles más básicos, deberás revisar la seguridad de tu casa para proteger a un niño más activo, hábil y curioso. Pero además del desarrollo físico, también están los más excitantes cambios emocionales a los que tu hijo se enfrentará durante los dos años siguientes, conforme su personalidad comience a desarrollarse. Estará aprendiendo continuamente y con frecuencia se sentirá cansado y refunfuñón, pero probablemente nunca se querrá ir a la cama —a menos, por supuesto, que sea el momento en que peor te venga a ti. ¡En este momento es cuando los padres empiezan a pensar que han criado a un monstruo, y solamente esperan poder sobrevivir hasta que el niño empiece a ir al colegio!

El reto, en realidad, no es el cambio de bebé pequeño a bebé que camina, sino la serie de cambios que se producen durante toda esta etapa desde que el niño comienza a andar. Siempre hay algo de lo que ocuparse o una mala costumbre que hay que quitarle, ya se trate de enseñarle a hacer sus necesidades en el orinal o de intentar que salga de vuestra cama por las noches. Y luego, meses después de que dierais por hecho que habíais solucionado un problema, de repente, vuelve a aparecer.

Pero a pesar de todas las batallas, esta es la época cuando quedas inevitablemente prendado de tu hijo. En cada fase del desarrollo, pensarás «¡Qué edad tan fantástica!», y estarás seguro de que nunca habrá un momento mejor. Es entonces cuando tu hijo cambia y tú te acostumbras a ese nuevo niño y piensas «Esta sí que es la mejor edad». Luego, vuelve a cambiar, y así sucesivamente. Lo único triste es que cada etapa nueva es el final de la anterior.

HABLEMOS SOBRE | LOS FINES DE SEMANA

Los sábados pueden ser una pesadilla. Incluso si pensabas que pasarse todo el día en familia sería la personificación de la felicidad. Pero mientras que tú estás más que feliz quedándote en casa descansando con tu hijo, tu pareja se ha pasado la semana subiéndose por las paredes y ahora tú estás desordenándolo todo e interfiriendo en su rutina diaria. Solo hay dos soluciones y ambas implican pasar un tiempo de calidad a solas con tu hijo: o bien tú y tu hijo salís de casa o es tu pareja la que lo hace. De hecho, existe una tercera opción: sales tú primero y ella sale cuando tú vuelvas. Si llevas a tu hijo contigo al salir y tu pareja se queda en vuestro hogar, probablemente ella intente poner al día la casa, en lugar de relajarse. Esto podría ser bastante frustrante para ti. Pero si ella se pone al día con la casa y luego tiene la oportunidad de salir con sus amigos, asistir a una de sus clases o ir de compras, entonces es más probable que se relaje adecuadamente y tú podrás comenzar a disfrutar de verdad del fin de semana en familia. Así que te toca a ti tomar la iniciativa.

La historia de Pete

Debe de ser muy duro ser un bebé que camina. Hay mucha diversión por delante, pero se espera mucho de ellos. Debido a su capacidad para imitarnos, y a que incluso se visten como nosotros, empezamos a considerarlos como pequeños adultos. A menudo veía a mi hijo como una versión reducida de mí, y por eso no entendía que, cuando se cansaba o se frustraba, se echara a llorar o pillara una rabieta sin ningún motivo. Finalmente, me di cuenta de que, de hecho, todavía no era más que un bebé grande; tenía que abandonar mis expectativas de adulto respecto a él y seguir el curso de los acontecimientos.

Cubrir las necesidades de tu pequeño

Un niño de doce meses es un bichito complejo, pero básicamente hay tres áreas que exigirán tu atención para que tu hijo salga adelante: necesidades nutricionales, necesidades emocionales y necesidades recreativas. Naturalmente, tu hijo no viene con una copia de esta lista bajo el brazo, por lo que puede resultar bastante difícil asegurarse de que satisface a diario todas esas exigencias. Aunque es bueno contar con directrices, por ejemplo, en cuanto a lo que debería comer cada día, también hay que ser realista y ver las cosas desde una perspectiva más amplia, de forma que si tú eres consciente de sus necesidades y sabes que se están cubriendo en un plazo razonable de tiempo, entonces, estáis en el buen camino.

Necesidades nutricionales

Una combinación de una buena alimentación con buenos hábitos alimenticios durante esta etapa te ayudará a poner los cimientos de una buena salud

LOS CINCO GRUPOS PRINCIPALES DE ALIMENTOS

Si tu hijo consume regularmente alimentos de cada uno de los cinco grupos principales, entonces estará tomando todos los nutrientes (proteínas, carbohidratos, grasas, vitaminas y minerales) que necesita para mantenerse sano.

La carne y las alternativas a la carne Intenta que coma una porción diaria de carne, pescado o huevo, o dos de productos vegetales como leguminosas o guisantes.

Productos lácteos Procura que tome al menos 350 mililitros de leche entera diariamente o dos raciones de queso, requesón o yogur.

Frutas y verduras Tu hijo debería ingerir al menos cinco raciones diarias de frutas y verduras frescas, en lata o congeladas. El zumo de frutas se contabilizará como una sola ración, incluso si se le da más de una vez.

Cereales y carbohidratos Con cada comida principal, dale al menos una ración de pan, maíz, arroz u otros cereales o verduras ricas en carbohidratos. Evita los cereales que sean demasiado duros.

Grasas y azúcares Una dieta equilibrada debería aportarle suficiente cantidad de estos elementos. Evita dar a tu hijo azúcares refinados y grasas procesadas.

para tu hijo en el futuro. Una dieta equilibrada garantiza que se nutra adecuadamente en cuanto a necesidades energéticas y de crecimiento, además de protegerle contra las enfermedades y favorecer su desarrollo cerebral.

Pero una dieta saludable para un niño de entre 12 y 36 meses no es necesariamente la misma que para un adulto. Los bebés precisan ingerir una gran cantidad de calorías diarias, además de otros nutrientes, especialmente desde que comienzan a caminar y se vuelven más activos. No obstante, y debido a que sus estómagos son pequeños, no pueden ingerir grandes cantidades de alimento de una vez —una ración de un niño de esta edad está entre el tercio y la mitad de la ración de un adulto. Por lo tanto, lo mejor es que tu hijo haga tres comidas principales al día y algunos tentempiés saludables entre ellas, consumiendo productos de fácil digestión y de los cinco grupos principales de alimentos.

Necesidades emocionales

El período entre los 12 y los 36 meses del niño está dominado por un proceso que le lleva desde la dependencia hasta la independencia. Tu hijo se está desarrollando, desde la etapa de recién nacido cuando necesita que tú le hagas todo, hasta convertirse en un individuo que retará de forma activa tus decisiones y tus intromisiones en su vida. Da grandes pasos para alcanzar la personalidad que tendrá como adulto y se enfrenta a una enorme cantidad de información sobre el mundo y las relaciones. Sentirá y expresará emociones que no había experimentado antes, y tendrá necesidad de un padre que responda adecuadamente ofreciéndole consuelo y disciplina para desarrollar sus necesidades emocionales.

Alentarle a ser independiente

Para animar a tu hijo a hacerse más independiente es importante que desde las primeras etapas de su

SEGURIDAD CON LOS ALIMENTOS

- Evita los caramelos, los frutos secos enteros (especialmente los cacahuetes) y las uvas enteras por el riesgo de atragantamiento. Retira el hueso de frutas como los melocotones.
- No des al niño café o té, ni bebidas con gas. Los dos primeros contienen cafeína y teína, respectivamente, y las bebidas con gas, demasiado azúcar, saborizantes, conservantes y colorantes artificiales. Las bebidas endulzadas pueden actuar como laxantes y producir a tu hijo diarrea. El agua o la leche es lo mejor entre comidas, los zumos de fruta debería tomarlos con o después de las comidas y siempre en una jarrita, no de la botella.
- No añadas sal a las comidas del niño y reduce la cantidad de patatas fritas y otros alimentos salados. El exceso de sal le puede provocar hipertensión más adelante.

vida haya ido consolidándose su autoconfianza. Dale mucho cariño, préstale atención y utiliza refuerzos positivos cada vez que logre algo. No le hagas sentir nunca como un fracasado porque no sea capaz de hacer algo, ya que se negará a intentarlo de nuevo. La participación en actividades y situaciones sociales variadas le aportará la estimulación y oportunidad de probar cosas nuevas y de desarrollar sus destrezas, contribuyendo así a aumentar la confianza en sí mismo.

Existen muchas rutinas diarias, como la de vestirse, que ofrecen la oportunidad de aumentar su independencia, al mismo tiempo que fomentan sus destrezas físicas y mentales. Déjale que tome decisiones, incluso si se equivoca al principio. Evita ser dominante y desempeñar el papel de líder siempre que juegues con él. Comete errores deliberadamente cuando juegues y deja que él te corrija. Hazle participar en conversaciones con adultos y anímale a exponer sus pensamientos y sentimientos. Todas estas son buenas formas de desarrollar su confianza en sí mismo.

Necesidades recreativas

Una de las formas más importantes que tiene tu hijo de desarrollar y practicar sus habilidades es mediante el juego. Al mismo tiempo que le aporta estimulación mental, física y social, también aumenta su capacidad de observación y de concentración. Si das a tu pequeño diferentes tipos de juguetes y objetos con los que divertirse, aprenderá las diferentes formas, tamaños y texturas, al mismo tiempo que desarrollará su expresión propia y la coordinación ojo-mano, además de estimular su creatividad e imaginación.

¿Cómo juega tu bebé?

Entre 15 y 18 meses de edad

Tu hijo sentirá curiosidad por todo y estará deseoso de explorar, por lo que es una buena idea llenarle una gran caja con objetos de la casa para que él rebusque, además de libros con ilustraciones para que señale los objetos que reconoce. El pequeño se divierte con todo tipo de contenedores, así como con rompecabezas sencillos, lápices de colores, versiones en miniatura de los objetos que usan su papá y su mamá, como una escoba y un recogedor. Tiene que practicar su habilidad para caminar, así que los juguetes que le hagan ponerse de pie para empujarlos o tirar de ellos también le serán beneficiosos.

Dos años de edad

Sus capacidades motoras están progresando y le gustará dar patadas a una pelota o lanzarla, además de los bloques de construcción y los juegos imaginativos. Los juegos musicales, los juguetes que hablan, los juegos de tacitas y platos y los fosos de arena son los favoritos en esta etapa del desarrollo.

Tres años de edad

Tu hijo controla ahora mucho mejor los movimientos de la mano, y le encantará entretenerse con juegos de construcción, mirar libros y hacer puzzles. Asimismo, aumentarán su coordinación y creatividad, además de alentarle a explorar, la arena, el agua, la plastilina y las pinturas. Hacer un pastel también puede ser muy divertido... ¡hasta cierto punto!

Lo que tu hijo pequeño sabe hacer

Los niños de más de doce meses están llenos de sorpresas. Justo cuando crees que sabes todas las cosas que puede hacer tu hijo de dos años, de pronto incorpora una docena de palabras nuevas a su vocabulario o realiza una tarea que unos días antes ni siquiera habría intentado. Durante esta etapa, los niños empiezan a conectar con el mundo, recogen información de todo tipo y fuentes, y tú te preguntarás muy a menudo «¿Dónde habrá aprendido eso?». A veces tendrás la impresión de que se avecina un gran cambio, la sospecha de que tu pequeño está a punto de hacer algo nuevo aunque de momento ni siquiera intente hacerlo. Está pensando sobre el tema y almacenando información, que finalmente liberará mientras tú ves cómo surgen una serie de desarrollos en rápida sucesión, algo parecido a los estirones del crecimiento.

Es obvio que sería fantástico que estuvieras acompañando a tu hijo todo el tiempo para experimentar estos nuevos pasos junto a él, pero como no siempre es posible, existen muchas formas de que participes y ayudes a fomentar los diferentes aspectos del desarrollo de tu hijo.

Las etapas por las que pasa en su camino hacia convertirse en una persona independiente, capaz de moverse con seguridad y de comunicarse fluidamente, se conocen como puntos de inflexión. Siempre y cuando estén sanos y vivan en un entorno enriquecedor, la mayoría de los niños alcanza esos puntos de inflexión a edades concretas. Pero no deberías sentirte desilusionado o frustrado si tu hijo no está «cumpliendo los objetivos». Esos puntos de inflexión sirven de orientación, pero los ritmos de desarrollo son muy variados. Puedes ayudar a tu hijo a desarrollar todo su potencial, y nunca lo compares con otros niños. Mientras que algunos pueden variar en qué consiguen y cuándo, la mayoría irá desarrollándose de forma perfectamente normal y acorde con los márgenes aceptados.

Este capítulo se centra en dos áreas fundamentales: el desarrollo físico, que incluye las habilidades motoras y manipulativas, y el desarrollo mental, que se ocupa de la capacidad para pensar y comunicarse. Las importantes habilidades sociales, que consisten en aprender a relacionarse e interactuar con los demás, se tratan en el capítulo 10.

Tú desempeñas un papel muy importante en el desarrollo físico y mental de tu hijo, incluso si solo puedes dedicarle un corto espacio de tiempo durante los días laborales. Si los comparamos con las de tu pareja, naturalmente, tú le aportarás actitudes y enfoques diferentes a los juegos y tareas que fomentan el desarrollo de tu hijo. Cuando este juegue contigo, probablemente aprenderá a hacer las cosas de una forma diferente y desarrollará habilidades distintas de las que podría aprender con su madre. En cualquier caso, el aprendizaje de tu hijo se verá inspirado por un cambio de compañero de juegos y, por supuesto, tu relación con él le beneficiará en cuanto a que supone una nueva comunicación.

Desarrollo mental

También conocido como desarrollo intelectual o psicológico, incluye el dominio de las habilidades comunicativas, como el habla, la lectura, el dibujo y contar, usar la imaginación y recordar cosas. Existen varias formas de ayudar a fomentar estos aspectos del desarrollo de tu pequeño, especialmente las habilidades lingüísticas. Y, por supuesto, hablar a tu hijo es una de las cosas más importantes que puedes hacer por él.

Fomentar las habilidades lingüísticas

Mira siempre a tu hijo cuando le hables, y utiliza frases cortas y sencillas. Escúchale cuando hable y déjale terminar las frases. Amplía las cosas que diga, por ejemplo, si dice «puerta», podrías decir «la puerta está abierta». Anímale a hablar a sus juguetes, e intenta siempre describirle imágenes y sonidos cuando estés con él fuera de casa. Mirad libros juntos y señala los objetos y personajes conocidos. Pero evita someterle a un exceso de información. En lugar de ello, crea un momento de tranquilidad en mitad de su día.

Habilidades manipulativas

En muchas de estas habilidades físicas interviene la coordinación ojo-mano. Conforme tu hijo va ganando destreza, será capaz de usar sus manos y sus dedos para actividades como los bloques de construcción, el dibujo, abrocharse los botones o utilizar una cuchara y un tenedor. Estas destrezas tienen que aprenderse, así que permite a tu hijo que practique siempre que pueda. Otra buena razón para pasar tiempo con tu pequeño, jugando y explorando juntos, es consolidar vuestra relación mientras él desarrolla estas habilidades básicas.

Fomentar la manipulación

- Enséñale a desenroscar tapaderas, a ensartar objetos con una cuerda, a verter agua, a pasar páginas, etcétera.
- Enséñale a hacer cosas por sí mismo, como usar una cuchara o quitarse los calcetines.
- Dale mantas y juguetes de actividades con los que pueda pulsar, girar o tirar.
- Pon a su alcance bloques de construcción y juegos de apilar.
- Haced juntos puzzles, dibujos y pinturas.

Puntos de inflexión en el desarrollo mental

15-18 meses:
- Cuando mira libros, señala con el dedo los objetos conocidos.
- Dice hasta 20 palabras, especialmente «no».
- Comprende preguntas e instrucciones sencillas, como «¿Dónde está tu pijama?» o «Dame el juguete».
- Puede que conozca dos o tres partes del cuerpo.
- Imita tus gestos.
- Repite su propio nombre.

Dos años:
- Utiliza 50 palabras o más y es posible que pronuncie dos o tres palabras juntas.
- Comprende instrucciones más largas, como «Pon la taza en la mesa».
- Comprende historias y conversaciones sencillas.
- Utiliza pronombres como «mí», «tú» y «yo». Empieza a hacer preguntas.

Tres años:
- Conoce dos o tres colores y algunas formas.
- Puede participar en una conversación sencilla y da la impresión de estar haciendo preguntas todo el tiempo, del tipo «dónde, qué y por qué».
- Ahora comprende instrucciones más complejas, como «Por favor, ve al cuarto y trae tu pijama».
- Es posible que cuente hasta 10.
- Comenzará a comprender conceptos como «hoy» y «mañana».
- Puede recordar algunos poemitas.

Puntos de inflexión en el desarrollo motor

15-18 meses:

- Camina solo.
- Se arrodilla y gatea para subir las escaleras a cuatro patas.
- Sube las escaleras andando mientras se sujeta a la baranda y pone los dos pies en cada escalón.
- Se pone en cuclillas o se inclina hacia delante para coger un juguete sin caerse.
- Se sube a los muebles.
- Dice adiós con la manita.

Dos años:

- Corre.
- Camina hacia atrás.
- Da una patada a una pelota sin caerse.
- Camina de puntillas.
- Sube y baja escaleras poniendo los dos pies en cada escalón.

Tres años:

- Puede sostenerse y saltar a la pata coja.
- Sube las escaleras poniendo un solo pie en cada escalón.
- Puede saltar desde el primer escalón.
- Puede saltar con los dos pies.
- Conduce un triciclo con los dos pies en los pedales.
- Baila con la música.

Puntos de inflexión en el desarrollo manipulativo

15-18 meses:

- Puede construir una torre de tres piezas.
- Ha comenzado a garabatear.
- Puede llevarse una taza a la boca sin derramar el contenido.
- Come solo con una cuchara, sin tirar mucha comida.
- Se quita los calcetines.
- Puede hacer puzzles sencillos.

Dos años:

- Puede girar los picaportes de las puertas.
- Pasa correctamente las páginas de un libro.
- Es capaz de ponerse guantes, zapatos y calcetines.
- Ensarta cuentas, se abrocha botones y cierra cremalleras.
- Puede desenroscar las tapas de los tarros.

Tres años:

- Empieza a vestirse y desvestirse con ayuda.
- Puede construir una torre de nueve piezas.
- Dibuja círculos y copia una cruz si se le muestra un ejemplo.
- Come con tenedor y cuchara.
- Sujeta un lápiz correctamente.
- Puede coger objetos pequeños.
- Usando las dos manos, puede servirse agua de una jarra en el vaso sin derramar mucha.

Vestir a tu hijo

Ropa y calzado

Lo más probable es que tu pareja asuma la responsabilidad de comprar la mayor parte de la ropa de tu hijo, pero es importante que también te intereses y que, al menos, des tu opinión sobre lo que lleva puesto, aunque solo sea para no delegar otra responsabilidad paternal más a tu pareja.

Con los bebés que ya caminan no hay necesidad de comprar ropa cara. Naturalmente, es fantástico ver a tu hijo con buen aspecto, y por supuesto, te gusta verle bien vestido en las ocasiones especiales, pero ten por seguro que el niño hará todo lo posible por echar a perder o dejar pequeño todo lo que le compres en el menor tiempo posible.

La clave reside en que tu hijo quemará una gran cantidad de energía mientras lleva su ropa,

por lo que las prendas que le compres deberán ser fáciles de limpiar, resistentes al uso, holgadas y transpirables. Descubrirás que es más fácil vestir a tu hijo de forma adecuada al tiempo y el lugar, con ropas que se puedan llevar en varias capas, en lugar de comprar una única prenda enorme, como un jersey grueso, por ejemplo, que tiene una utilidad limitada.

Para ahorrarte algo de dinero en la ropa del niño, piensa por adelantado y compra prendas de una talla mayor en las rebajas, de forma que tu hijo pueda llevarlas al año siguiente. También es posible encontrar algunas gangas en el creciente número de establecimientos que venden ropa de segunda mano para niños en los que, además, podrías vender las ropas casi nuevas de tu hijo. Si tienes mucha suerte, contarás con un amigo o un pariente que tenga un niño algo mayor que el tuyo y al que se le quede pequeña la ropa justo a tiempo para que tu hijo pueda aprovecharla.

Calzado

Cuando tu hijo comience a caminar fuera de casa y sus pies necesiten protección, es fundamental que el calzado que lleve se le adapte bien. En el pie de un niño hay poco hueso duro, básicamente es cartílago y tendones, de forma que unos zapatos y calcetines que no se adapten bien a sus pies pueden deformarlos y causarle graves daños. Además, tu hijo no se quejaría, ya que no sentiría dolor debido, precisamente, a esa falta de huesos en el pie. Por todo ello, déjate asesorar por un profesional a la hora de comprar el calzado de tu hijo, y nunca le pongas zapatos de segunda mano ni heredados de sus hermanos.

Las piezas de calzado que use tu pequeño deberán tener el tamaño y el ancho correctos, y estar fabricadas con materiales naturales, como cuero o lona, que permiten al pie «respirar». Deben tener espacio libre en la parte de los dedos para que el pie pueda crecer, mientras que en la

zona del talón deberán estar ajustadas y firmes, para que sujeten el pie sin oprimirlo pero sin provocar deslizamientos. Aunque las sandalias son más frescas para el verano, su hechura menos robusta las hace más propensas a dañar el pie del niño y deberían ser elegidas por un profesional.

Los pies de los niños crecen tan rápidamente que no tiene mucho sentido comprar calzado caro. Se deberá comprobar el ajuste del zapato cada dos meses y, probablemente, tu hijo necesitará un par nuevo cada cuatro o seis meses hasta que tenga cinco años de edad. Siempre que sea seguro, deja que tu hijo camine descalzo para ayudar a que sus pies se desarrollen sanos.

Vestir a tu hijo de más de doce meses

¿Has oído alguna vez a una madre enfadada diciéndole a una amiga: «Le ha vestido su padre»? Si todavía no lo has oído, es solo cuestión de tiempo. La mayoría de los hombres, por mucho que lo intentemos, no tenemos mucha idea de cuál es la ropa que favorece. Pasamos buena parte de nuestro tiempo en el trabajo, donde la ropa que llevamos viene impuesta por el tipo de actividad que realicemos. Cuando dormimos, no tiene mayor importancia qué llevemos puesto, y durante los cortos períodos de ocio entre el trabajo y el sueño, nos ceñimos a lo que ya conocemos, es decir, a esas prendas que mediante ensayo y error hemos aprendido que nos van bien (o eso creemos). Incluso para esos ratos, será nuestra pareja la que nos oriente y, ya que casi todos los hombres odiamos ir de compras, puede

---

Tu pareja quiere ocuparse de todo lo relativo a vuestro hijo, porque tiene más práctica y, por lo tanto, es más rápida. Esto incluye vestir al niño, para lo que ella misma considera que tiene un don natural. Probablemente tenga razón en ambas cosas, pero vestir a tu hijo puede ser divertido y gratificante para ti. Es una experiencia que propicia los lazos de unión, y podrás ver el desarrollo de tu hijo, conforme aprende a tomar sus propias decisiones sobre la ropa y empieza a vestirse él mismo. Y, por supuesto, si nunca te dejan practicar, ¿cómo vas a mejorar? También supone un descanso para tu pareja, pero plantea el tema con tacto, para que no piense que dudas de sus capacidades.

Intenta tomar la iniciativa de vez en cuando acudiendo a las tiendas o a internet, durante la hora de la comida, y comprando algo de ropa para tu hijo. No tiene por qué ser un conjunto completo, basta con un sombrerito o un par de calcetines monos, que le encantarán a tu hijo y que tu pareja te agradecerá. Presta atención a los agujeros de los leotardos o de los calcetines, y a los pantalones que se vean demasiado ajustados, y sin decir nada repón estos en el guardarropa de tu hijo antes de que tu pareja tenga que hacerlo.

---

que nuestra pareja incluso nos compre la ropa sin ni siquiera consultarnos. Así que la idea de tener que vestir a tu hijo podría llegar a producirte escalofríos. Todas esas inseguridades tan cuidadosamente ocultas podrían volver a acecharnos ante la responsabilidad de tener que vestir a otro ser humano. Pero, de hecho, no es tan difícil, y debería ser algo divertido para ti y tu hijo. Si prestas atención a los detalles, pronto se convertirá en algo natural en ti.

Vestirse es fácil

Aprender a vestirse es una parte importante del camino de tu hijo hacia la independencia, así que déjale que lo intente solo, incluso si ello significa que no se avanza muy rápido. Al principio, no deberás esperar demasiado. Evita reírte o hacer cosas que le desanimen en su intento. Procura tomarte con calma la elección de colores, para que se sienta a gusto con lo que está haciendo.

- Anota mentalmente los conjuntos de ropa que tu pareja pone a tu hijo en cada ocasión.
- Habla con tu pareja sobre la organización del guardarropa de vuestro hijo. ¿Podrían organizarse las prendas de forma que fuera más fácil elegir los elementos que combinan bien? Por ejemplo, en lugar de poner todas las faldas juntas, agruparlas según colores que combinen.
- Los diminutos calcetines siempre terminan desparejados y perdidos; en muchas ocasiones, justo cuando crees que has conseguido el conjunto perfecto, descubres que solo queda un calcetín del color adecuado. Prueba a comprar calcetines de uso diario en grandes cantidades, y siempre del mismo color, de forma que nunca habrás de preocuparte de buscar parejas.
- Asegúrate de contar con un buen suministro de leotardos de colores neutros para que combinen bien con cualquier conjunto de prendas y zapatos.
- Si sabes de antemano que serás tú quien vista al niño al día siguiente, comprueba la noche anterior su guardarropa para poder hacer un buen trabajo.

Colócale delante una selección de prendas adecuadas y déjale elegir, asegurándote de que sean prendas fáciles de coger y de poner, sin que tenga que averiguar cuál es la parte de atrás y la de delante de cada prenda.

Abrocharse

Cuando tu hijo esté aprendiendo a usar una cremallera, enséñale a mantenerla apartada de su piel y de su ropa. Cuando esté aprendiendo a usar el baño, asegúrate de que lleva pantalones con cintura elástica, que sean fáciles de bajar y subir.

Enséñale a abotonarse la ropa de abajo a arriba, para que cada botón vaya a su ojal.

Problemas al vestirse

Algunos niños tienen tantas ganas de vestirse solos que rechazan toda ayuda, incluso cuando estás desesperado por salir de casa. Aunque sea algo frustrante, lo más recomendable es permitir que tu animoso hijo emplee tanto tiempo como sea posible, ya que pronto verás las ventajas cuando aprenda a darse un poco más de prisa.

Por otra parte, algunos niños se niegan a vestirse, o incluso se quitan la ropa después de ponérsela. A veces resulta imposible vestirles para salir. Una forma de reducir esta lucha al mínimo es comprar ropa que le guste al niño, aunque al final acabe teniendo varias prendas iguales. También puedes limitar el número de opciones seleccionando determinadas prendas que sean más fáciles de poner para él. Si esto no funciona, ¡ten coraje y prepárate para la lucha!

La alimentación

Cuando vuelves a casa todos los días y ves a tu hijo cubierto de salsa de pasta, probablemente lo último que se te ocurre es sentarte a la mesa para tomar la cena en familia, como Dios manda, con él. Sin embargo, esta es una parte importante de su desarrollo sociológico, por no mencionar sus destrezas para comer, y cuanto antes empieces a educarle en este sentido, mejor. La planificación de comidas familiares, cuando sea posible, subraya la existencia de la estructura de vuestra familia (cualquiera que sea), refuerza la comunicación y fortalece la disciplina. Además, ¡las comidas son ocasiones para pasarlo bien!

No hace falta mencionar que comer juntos a la mesa es una parte vital de la alimentación de la familia. Si tu hijo puede sentarse en el mismo tipo de silla que todos los demás, mucho mejor. Si tienes espacio suficiente, puedes animarle a aprender buenos hábitos colocándole su propia mesa en miniatura y una silla para las comidas de cada día.

Una vez superado el año, tu hijo podrá comer prácticamente la misma comida que tú, así que procura que el menú sea el mismo para todos, para que el niño realmente se sienta parte de la familia. Una comida sencilla es buena idea para liberar tensiones en la cocina, ¡sobre todo si sospechas que no se lo comerá todo! Si tu hijo es capaz de hacerlo, pídele que te ayude a preparar alguna parte de la comida o a poner la mesa. Lo más importante es que te mantengas lo más tranquilo posible, aunque habrá algo de desorden, suciedad e interrupciones, y recuerda que se trata de un plan a largo plazo para desarrollar una unidad familiar fuerte y cohesionada.

La alimentación

Muchos niños pasan por una fase transitoria en la que rechazan totalmente determinados alimentos, mientras que en otras etapas quieren comer lo mismo todos los días. Afortunadamente, todos los alimentos aportan algún nutriente y ningún alimento es imprescindible para la salud. La mayoría de los problemas de alimentación se resuelven por sí mismos con el tiempo, y si tu hijo está creciendo, ganando peso y tiene energía de sobra, es bastante improbable que tenga carencias alimentarias.

Caprichosos

Los niños no solo rechazarán regularmente determinados alimentos mientras que se atiborran de otros, sino que además suelen desarrollar una tendencia a los rituales. Por ejemplo, comer sándwiches solo si se han cortado en triangulitos, o beber solo de una jarrita amarilla. Es enormemente

La historia de John

Estoy fuera de casa doce horas al día y no llego allí hasta las 7 de la tarde, así que tengo pocas oportunidades de comer con los niños. Nuestros hijos de cuatro y dos años de edad cenan juntos en el salón a las 18:00 horas, sentados a una mesa con sillas pequeñas. Mi mujer y yo cenamos sobre las 21:00 o 21:30 de la noche. Todos nos levantamos a las 6 de la mañana y así tomo el desayuno con los niños. Los fines de semana tomamos un desayuno «especial» todos juntos, normalmente con cruasanes de chocolate, y luego, por las noches, nos reunimos en torno a la mesa del comedor a eso de las 18:00 de la tarde para cenar juntos lo mismo. Es un jaleo, pero es muy divertido, y a los niños les hace mucha ilusión.

frustrante pasarse un buen rato preparando una comida que el niño al final ni siquiera querrá probar, o simplemente que acabará aterrizando en el suelo. No obstante, intenta tomarte las manías de tu hijo con todo el humor posible.

Comida basura

La obesidad y los problemas dentales son una de las preocupaciones comunes entre los padres actuales. Su causa suele ser una dieta rica en grasas y azúcares. Aunque no hay necesidad de negar totalmente a tu hijo algunas chucherías, como las patatas fritas o el chocolate, procura limitarlas a determinados días de la semana, y evita las bebidas edulcoradas y gaseosas.

Comedores sucios

Para algunos niños, la comida es una auténtica aventura. Hacen de todo con ella, excepto comérsela. De nuevo, recuerda que solo se trata de una fase, así que procura conservar la calma y evita que la situación se convierta en una lucha de poder. Cubre el suelo de alrededor de tu hijo

con plástico, compra un plato que se quede pegado a la mesa, utiliza un babero de goma con un reborde grande para recoger la comida, y luego deja que se las apañe solo.

Alergias e intolerancias

Las alergias alimentarias son de hecho muy raras en los niños y los síntomas suelen ser extremos. Las intolerancias son más corrientes y simplemente significan que algunos alimentos no le sientan tan bien como otros. No obligues a tu hijo a comer un alimento que él rechaza constantemente. Es posible que no le siente bien, así que procura sustituirlo por una alternativa saludable. Si tienes la sospecha de que tu hijo sufre alguna alergia o intolerancia alimentaria —aparecen zonas enrojecidas en su piel, le duele la tripita o la tiene suelta—, lo mejor será consultar a tu médico.

HABLEMOS SOBRE | BUENOS HÁBITOS ALIMENTARIOS

Estás preocupado porque tu hijo está tomando demasiada comida basura durante el día, y frustrado porque tú estás en el trabajo y tienes poca influencia sobre su dieta diaria. Dicho esto, te recuerdo que no eres tú quien tiene que enfrentarse a la lucha diaria para que el niño coma algo, lo que sea. Ni que decir tiene, para que coma algo saludable. A veces, la única forma de manejar un comportamiento difícil es ofrecerle algún capricho, y esto, dentro de un largo día, no parece tan malo. Tu pareja se preocupa de que la dieta de vuestro hijo sea variada e intenta que cada comida sea lo mejor posible. Pero si de verdad quieres ocuparte de los hábitos alimentarios de tu hijo, lo primero que tú y tu pareja tendréis que hacer es mirar las cosas desde una perspectiva más amplia. Pide a tu pareja que lleve un diario con la ingesta de comida de tu hijo a lo largo de la semana, así luego podréis tener un juicio más objetivo sobre si existe un problema o no. Si es así, piensa cuándo es el mejor momento para comenzar a realizar cambios en su dieta.

Las actividades y el juego

Jugar es una parte vital para el aprendizaje y el desarrollo del niño; además, a los niños les encanta imitar a los adultos, por lo que es importante que los papás participen activamente tanto como puedan. Por supuesto, que tú no siempre tendrás ganas de jugar, y si de verdad necesitas un descanso, no hay nada malo en decirlo. Los niños también necesitan algunas veces un rato de calma o jugar tranquilamente a solas. Pero si puedes, procura jugar con tu hijo todos los días, aunque solo lo hagas durante un ratito y con juegos sencillos como el de señalar objetos y decir sus nombres, el veo-veo, o con un librito de pegatinas. Incluso con solo hablarle, y prestándole toda tu atención, él se verá beneficiado. En el mejor de los casos, suéltate el pelo y diviértete; te ayudará a relajarte.

HABLEMOS SOBRE | LA TELEVISIÓN

Tu hijo hará uso de los medios en general y esto será un tema recurrente hasta el día en que se vaya de casa, por lo que tanto tú como tu pareja tenéis que plantearos seriamente cuál será la política familiar respecto a ver la tele. Los últimos consejos de las instituciones estadounidenses recomiendan que los niños de menos de dos años no vean nada de televisión, mientras que los niños más mayores no deberían verla más de dos horas al día. Esta regla se basa en una serie de estudios que indican que ver la televisión puede tener efectos adversos sobre la salud mental del niño, sobre su inteligencia y sobre su comportamiento.

Tu pareja necesita tiempo para tener la casa bajo control, así como algún que otro descanso de las exigencias de vuestro hijo, por lo que dejar que el niño vea la televisión un rato podría ser la única solución. Pero es importante que controléis cuánta televisión ve vuestro hijo y os aseguréis de la calidad de los programas; no sería mala idea, pues, llevar un diario donde anotéis las costumbres de vuestro hijo como espectador televisivo. También existen formas de reducir el impacto de la televisión. Evita que el niño vea programas de adultos, especialmente las noticias, donde el contenido es imprevisible. No le dejes solo frente a la tele a menos que estés totalmente seguro de saber qué está viendo, y recuerda que los anuncios pueden contener temas inadecuados. Procura evitar ver programas para adultos cuando tu hijo esté contigo, ya que se estará enterando de todo, incluso si no parece prestar atención. Cíñete al uso de DVD siempre que sea posible y a canales que ofrezcan programación infantil en los que puedas confiar.

Según los expertos, los niños en edad preescolar solamente deberían ver programas educativos de calidad y acompañados de sus padres, quienes deberían hablarles sobre los contenidos y tratar de interactuar con ellos como lo harían si estuvieran viendo un libro juntos. Aunque esto puede parecer muy poco realista, sobre todo si ya tienes otro hijo, al menos te da una idea de cuál sería la mejor actitud posible.

FORMAS DE JUGAR

Entretenerse con juegos variados es fundamental para desarrollar destrezas diferentes y para evitar el aburrimiento.

Lectura

Nunca es demasiado pronto para empezar a leer libros con tu hijo. Cada nueva página le ofrece nuevas sorpresas, y puede señalar y aprender cuando tú le lees en voz alta. Este es un momento personal valioso, así que intenta hacerlo todos los días, preferiblemente a la misma hora, por ejemplo, a la hora de irse a la cama. Utiliza una gran expresividad en tu voz para que el libro cobre vida, y señala las ilustraciones cuando hables, así tu hijo aprenderá que existe una relación entre estas y las palabras. Emite los sonidos pertinentes cuando proceda, como los de animales o vehículos, y anima a tu hijo a imitarte.

Dibujar y pintar

Garabatear, dibujar y pintar son formas excelentes de que tu hijo se exprese, y resulta fascinante cuando guardamos sus obras de arte en una carpeta y comprobamos cómo su estilo y sus destrezas se van desarrollando con el tiempo. Tú también puedes hacer tus dibujos para recordar lo mal que se te daba. Siempre merece la pena tener a mano libros de colorear y lápices de colores. Estírate en el suelo junto a tu hijo para dibujar juntos el mismo dibujo; es una gran oportunidad de establecer lazos de unión y un pasatiempo muy relajante.

Jugar a ensuciarse

Al contrario de lo que suele pensarse, no todos los juegos de los niños son sucios. Pero la mayoría de ellos sí que lo son, y algunos juegos son mucho más sucios que otros. Entre los más sucios están los de echarse agua, hacer agujeros en la arena, hacer figuras de plastilina y, por supuesto, jugar a las cocinitas y pintar. Todos son muy divertidos, y ofrecen a tu hijo la oportunidad de explorar una gran variedad de materiales que le permitirán utilizar diferentes sentidos.

Cocinar

La idea de cocinar con tu hijo pequeño parece muy divertida. Pero antes de que le hagas saber tus planes, revisa la receta que tienes intención de preparar

y calcula cuánto tiempo necesitarás. Incluso algo
tan sencillo como las galletas glaseadas requieren de
varias horas para preparar la masa, cortar las formas,
hornearlas, esperar a que se enfríen, cubrirlas con la
terriblemente pegajosa azúcar glaseada y decorarlas.
Luego tienes que esperar a que el glaseado se asiente,
mientras que luchas por mantener a raya a un niño
rabiosamente hambriento e intentas dar un fregoteo
a la cocina, que querrás hacer extensivo a ti y a tu
propio hijo. Deberías tener en cuenta la limitada
capacidad de atención del niño (no hablemos de la
tuya) y optar por cocinar con él recetas más sencillas.

Juegos creativos

A todos los niños que ya no son bebés les encanta
hacer cosas, por lo que siempre es buena idea contar
con una caja donde ir guardando algunos elementos
útiles, como papeles de colores, rollos de papel
higiénico y cartones de huevos. Las manualidades son
ideales para los días de lluvia, y tienen la ventaja
añadida de que, al final, tu hijo tendrá un nuevo juguete
con el que divertirse, normalmente un delicado tractor
de cartón, un robot o algo mezcla de ambos. También
es una buena idea hacer tarjetas de felicitación para
las ocasiones especiales. Independientemente de lo
que hagáis, lo mejor será que tú comiences el trabajo
y que tu hijo se incorpore más tarde a la tarea.

Juegos imaginativos

Este tipo de juegos son muy recomendables y no tienen
ningún coste. Además, resultan fascinantes. Con un poco
de imaginación y, por ejemplo, una sábana colgada de
unas sillas, tu hijo hará una tienda de campaña. Por otra
parte, los disfraces de los niños son hoy día un gran
negocio y no se comercializa ninguna película que no
venga con su correspondiente gama de disfraces para
que tu hijo —con un presupuesto algo inferior, eso sí—
pueda recrear la historia en casa. Este tipo de
dramatización es una forma excelente para que el niño
vaya perfeccionando diferentes habilidades sociales y

creativas, aunque tengas que pasar tus fines de
semana haciendo de una de las hermanas feas
de Cenicienta, de troll o de monstruo.

Música y baile

Si quieres proteger tu propia salud, toma la iniciativa
e intenta convencer a tu hijo de que la música de
los adultos mola, sobre todo cuando hay que hacer
un largo viaje en coche. Pero independientemente
de la música que le guste, procura sacarle el
máximo partido. A los niños les encantan cantar
y bailar, así que esta es una forma fantástica de
mejorar su humor, tanto si improvisáis vuestros
propios instrumentos, como si encendéis la mini
cadena y ponéis un poco de música latina bien
marchosa. Puedes mantener el interés de tu hijo
si introduces juegos como el del corro de las sillas
o el de las estatuas. Bailar no solo es divertido,
también es un buen ejercicio físico que ayuda a la
coordinación y al equilibrio del niño.

La hora de dormir

Para cuando tu bebé haya llegado a los doce meses, con suerte ya habrás superado muchos de los problemas relacionados con la hora de acostarse. Inevitablemente, los cambios tan grandes que experimentará tu hijo durante el período desde los 12 hasta los 36 meses todavía te arruinarán alguna que otra noche. Pero una vez que el niño llegue a la edad en la que comprenda por qué ha de irse a la cama, la hora de acostarse será cada vez menos una obligación, y más un momento mágico para vosotros dos.

Si ha sido tu pareja la que ha llevado la iniciativa a la hora de acostar al niño, ha llegado el momento de revisar la situación y de que desempeñes un papel más activo. Este tiempo valioso con tu hijo es fundamental para seguir reforzando vuestros vínculos afectivos. La rutina continúa siendo un componente vital para el éxito al acostar al niño, y tu pareja y tú deberéis comprometeros a hacerlo bien. Pero todo lo que ocurre durante el día también tiene una enorme influencia sobre el comportamiento de vuestro hijo por las noches (véase el recuadro, abajo).

Estrategias para acostar al niño

Todo niño es diferente y cada familia tendrá que averiguar cuáles son los mejores momentos y actividades según sus circunstancias. No obstante, existen una serie de principios que hay que tener en cuenta para garantizar que tu hijo se vaya a la cama felizmente y que duerma toda la noche.

Las horas precedentes al momento de acostarse deberían tener el objetivo de calmar al pequeño después de una larga jornada. Si se ha pasado el día en la guardería, es especialmente importante reducir sus niveles de estrés, prestándole mucha atención, con abrazos y caricias. Se ha demostrado que si un niño no obtiene este tipo de consuelo por la noche, seguirá sufriendo ese mismo estrés al despertarse. Procura mantener su cuarto razonablemente ordenado y los juguetes fuera de su vista, si es posible, ya que lo importante es que se centre en el objetivo principal: dormir. Una luz difusa creará un ambiente relajado e impedirá que el niño vea los juguetes; además, le protegerá del común miedo infantil a la oscuridad. Las cortinas o persianas serán especialmente útiles en verano, cuando tu hijo haga preguntas del tipo «¿Por qué me voy a la cama si todavía hay luz?», o «Papi, ¿por qué estás todavía en la cama si hay luz en la calle?».

HABLEMOS SOBRE RUTINAS PARA ACOSTAR AL BEBÉ

Uno de los problemas más comunes es que los padres que se ocupan del niño durante todo el día —digamos, las mujeres— intentan imponer un patrón de sueño que deje al pequeño cansado, pero no demasiado cuando llega la hora de dormir. Si ha sido un día difícil, tu hijo estará agotado e irritable, y tu pareja se habrá atrasado con sus tareas, por lo que probablemente le habrá permitido tomar una siestecita extra. Tú llegas a casa y te encuentras con un niño muy activo. ¡Lo sorprendente sobre una siesta de veinte minutos durante el día es que suele equivaler a dos horas de energía por la noche! Acostumbra producirse una situación parecida si se le da al niño «para que no moleste» chocolate o un postre azucarado cuando se acerca la hora de acostarlo, y es el papá el que quizá tenga que afrontar el problema a la hora de dormir. Así que tú y tu pareja tendréis que acordar una determinada rutina para acostar a vuestro hijo y cumplirla a rajatabla.

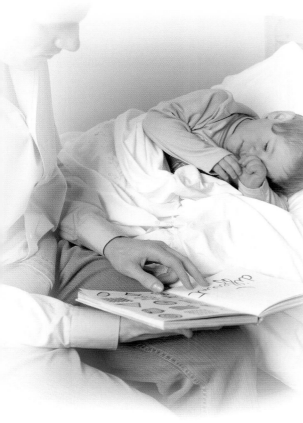

Los cuentos son la recompensa de irse a la cama, y tu hijo esperará ese momento con ilusión. Elige cuidadosamente los libros que le lees: procura que no tengan demasiadas palabras, que no le den miedo ni le pongan demasiado nervioso; y lee tú la historia de antemano. Si es tu pareja la que va a la biblioteca durante el día a elegir los libros, procurad poneros de acuerdo en el tipo de lecturas que queréis evitar. Es posible que ella ceda a las presiones del niño, con sus propias preferencias

Básicamente, tu trabajo consiste en aburrir a tu hijo para que se quede dormido. Tal y como ya sabrás, a los niños les encanta oír la misma historia una y otra vez, así que no le defraudes. Y hazlo todo muy lentamente; si lees el cuento poco a poco, tu hijo acabará quedándose profundamente dormido.

Después de elegir un libro, si tu hijo está sentado en la cama, dile que se acueste y se prepare para dormir, y apaga las luces. Deja que se quede dormido mientras te escucha contándole un cuento, preferiblemente uno que él mismo te haya pedido. A veces, tu hijo te pedirá que inventes para él un cuento, y habrás de hacerlo aunque sea lo último que te apetece hacer después de un agotador día de trabajo. Uno de los recursos posibles es contarle uno de los cuentos de siempre, pero sustituyendo a uno de los personajes principales por tu propio hijo. También puedes partir de cualquier canción o poema infantil para inventar una historia. Otra alternativa es cantar suavemente una nana a tu hijo, sobre todo si parece estar a punto de quedarse dormido.

Si compartes con tu pareja la tarea de acostar al niño, asegúrate de que los dos seguís la misma rutina y comentad entre vosotros cada noche qué tal ha ido y los cuentos que le habéis contado. Esto es fundamental para garantizar la uniformidad de la rutina para irse a la cama y también para evitar que el niño trate de enfrentaros el uno al otro.

EL PLAN DE LA FAMILIA GARCÍA

Esta sencilla rutina funciona bien con los padres de una niña de tres años de la que el padre debe ocuparse cuando vuelve a casa del trabajo.

17:30 h.	DVD o televisión con programas tranquilos.
18:15 h.	Cena con postre sin azúcar.
19:00 h.	Llega el papá.
19:15 h.	Baño relajante para la niña.
19:30 h.	Hacer sus cositas en el orinal. Ponerse el pijama. Leer un libro.
19:50 h.	Se apagan las luces. Contar un cuento.
20:00 h.	La niña se queda dormida.
6:30 h.	La niña se despierta.

Salir de casa

Para cuando tu bebé esté comenzando a caminar, ya tendrás bastante experiencia tanto en tus salidas en familia como en tus salidas a solas con tu pequeño en la sillita o en los arneses. Pero ahora que tu hijo ha ganado independencia, vuestras salidas te resultarán más duras de sobrellevar, especialmente si sales sin tu pareja con la esperanza de disfrutar de un tiempo de calidad a solas con el niño. Muchas parejas incorporan estas nuevas salidas a sus planes para el fin de semana, de forma que papi se ocupa de salir con el niño los sábados por la mañana, por ejemplo. Por muy agradable y gratificante que resulten, esas cuatro o cinco horas pueden parecer muy largas para alguien que no esté acostumbrado a entretener a un ñiño que empieza a caminar.

Lo primero que te preguntarás será: «¿Adónde vamos?». Esta decisión es crucial para el éxito de la salida, ya que la elección del lugar determinará el resto de lo que hagas. Así que será una buena idea pedir consejo a tu pareja. Es posible que quieras probar algo nuevo y diferente a sus paseos habituales, pero las primeras veces que salgas a solas con tu hijo, lo mejor será ir a lo seguro y aceptar el consejo de una experta. También podrías optar por la seguridad del grupo y quedar con otros padres con sus hijos para pasear juntos.

¿Qué hago y cómo lo hago?

La llegada de tu bebé te obliga a contemplar tu barrio desde una perspectiva totalmente diferente. Determinados restaurantes y establecimientos se borran de tu agenda y tu GPS, y son sustituidos por otros destinos más adecuados para los niños y que tú ni siquiera sabías que existían. De repente, te encuentras como un turista descubriendo la zona por primera vez. De hecho, merece la pena preguntar en la oficina de información turística, o en el propio ayuntamiento, sobre atracciones infantiles y espacios de ocio para niños. Si en tu localidad o barrio hay una biblioteca, es probable que organice actividades para los niños, y además, los días de lluvia, podría ser una excelente alternativa para pasar el rato eligiendo libros y películas.

Ir a una cafetería o a un restaurante puede parecer una buena idea al principio, pero sin duda surgirá toda una gama de nuevas consideraciones, por lo que quizá lo mejor sea que comáis al aire libre vuestros propios sándwiches, y dejes las comidas formales para las salidas en familia, cuando podrás compartir las responsabilidades de atender al pequeño con tu

Antes de salir de vacaciones con tu hijo, deberás llegar a un acuerdo sobre las normas básicas con tu pareja. Los cambios en la rutina diaria pueden resultar una forma fantástica de relajarse para un adulto, pero cuando se trata de niños pequeños, el resultado puede ser cualquier cosa menos unas vacaciones tranquilas. Resulta muy tentador abandonar todas las rutinas mientras estás de vacaciones, y que tu hijo coma y duerma a horas diferentes de las que suele hacerlo en casa. Tú quieres que tu pequeño disfrute también, pero el problema es que los niños necesitan que se respeten sus pautas de rutina diaria para sentirse seguros. Por naturaleza, tu hijo intentará traspasar los límites, y si eso significa que puede quedarse despierto hasta tarde, lo intentará con toda su alma. Conforme avancen las vacaciones, tanto él como tú estaréis cada vez más agotados. Por lo tanto, lo mejor será llegar a un acuerdo con tu pareja antes de salir, y dar al niño algo más de libertad sin que ello signifique saltarse las pautas diarias. ¡Felices vacaciones!

pareja. A los niños les encanta ir de picnic, así que aprovecha y haz de las salidas al campo ocasiones verdaderamente especiales, como cuando organizan sus fiestecillas con sus muñecos y sus ositos de peluche. Tu hijo puede ayudarte a elegir la comida y a meter las cosas en la cesta. Es más probable que coma cosas a las que está acostumbrado, y así la salida será mucho menos estresante que si vais a una cafetería o a un restaurante.

Las claves para pasar un día fantástico con tu hijo es que tenga mucho espacio y oportunidades para realizar actividades físicas, cosas que ver y tocar, especialmente animales, alguna chuchería o helado y algún recuerdo que llevarse a casa. Si eres capaz de combinar todo esto, seguro que lo pasaréis muy bien.

También puedes añadir algo de chispa a una excursión sencilla a las tiendas o al parque si la

LO QUE TIENES QUE LLEVAR

- Pañales, toallitas y calzoncillos o braguitas de repuesto
- Mantita para cambiar al niño
- Algo para «matar el gusanillo» y bebida
- Protector solar y sombrero
- Sudadera o impermeable
- Alguno de los juguetes favoritos del niño

planificas previamente. Por ejemplo, pregunta a tu hijo qué quiere poner en la lista de la compra y, luego, buscad juntos esos artículos en la tienda. O, en el caso de una visita al parque, resultará divertido explorar la vida salvaje, los insectos y las flores, y hacer del paseo una experiencia especial. Podéis hacer cuadros con las hojas que recojáis del parque, o buscar libros que muestren a otros niños haciendo cosas parecidas. Además, mientras estás fuera de casa con tu hijo, intenta aprovechar al máximo las oportunidades para comunicarte con él, por ejemplo, llamando su atención sobre los objetos y sonidos con que os vais encontrando.

Para decidir adónde ir, pregúntate a ti mismo...

- ¿Llevan otros padres a sus hijos a ese sitio?
- ¿Se puede llegar bien con una sillita de paseo?
- ¿Son el personal y las instalaciones adecuados para los niños?
- ¿Hay un baño y un sitio donde cambiar al niño?
- ¿Hay alguna tienda cerca donde comprar cosas que puedas haber olvidado o de las que puedas necesitar más si se te agota tu suministro?
- ¿Está bien cerrado para que el niño no pueda escaparse?
- ¿Es posible que haya aglomeraciones donde puedas perder al niño?

Enseñarle a usar el orinal

Después de casi un año cambiando pañales, quizá estarás empezando a preguntarte cuándo podrás dejar de hacerlo de una vez.

Deberás tener paciencia durante algún tiempo más. No hay una edad mágica a la que tu hijo empiece a utilizar el orinal, pero la mayoría de los niños siguen mojándose hasta que cumplen los tres años. El sistema nervioso de tu hijo tiene que desarrollarse hasta que él sea capaz de reconocer los síntomas de una vejiga o un intestino llenos. Luego, necesita poder controlar los músculos el tiempo suficiente para llegar al orinal. Esta combinación, rara vez se da antes de los dos años, por lo que no tiene sentido precipitarse en un proceso que es físicamente imposible para tu hijo.

Empezar a enseñarle

La edad más temprana para comenzar son los dieciocho meses o, para ser más realistas, alrededor de los dos años. No hay reglas infalibles, pero es posible que las niñas estén más preparadas sobre los dieciocho meses, y los niños, cuando se acercan a los treinta meses.

Al margen de la edad en la que decidas comenzar a enseñar a tu hijo, elige un período en el que puedas dedicarle el tiempo y el aliento que necesita. Si te vas de vacaciones, te estás mudando o acabas de tener otro bebé, deja el orinal hasta que las cosas se calmen.

Para comenzar

Empieza explicándole con leguaje sencillo lo que quieres que haga. Enséñale las palabras que tiene que usar cuando quiera hacer pipí o caca. Dile que es bueno hacer pipí o caca en un orinal.

Puede ser una buena idea dejarle que elija un orinal de su color favorito. Asegúrate de que este tenga una base firme, para que no se vuelque, y de que no haya en él bordes ásperos. Para un chico, compra uno que evite las salpicaduras.

Guarda siempre el orinal en el mismo sitio, donde tu hijo pueda llegar fácilmente, y donde nadie tropiece con él. Si tu casa es de dos plantas, es bueno contar con un orinal en cada planta.

Viste al niño con ropas fáciles de quitar y enséñale a bajarse los pantalones y la ropa interior. Existen pañales con elástico, para esta etapa, más fáciles de quitar que los pañales corrientes.

Siéntalo regularmente en el orinal, después de las comidas y antes de salir a la calle, y quédate junto a él durante las primeras fases. Anímale a sentarse durante unos minutos, durante los cuales puede mirar un libro, o léele un cuento. Si te ve sentarte en el inodoro, es posible que capte la idea antes. Si es un chico, no insistas en que haga pipí de pie, pues acostumbra ser más fácil hacerlo sentado al principio. Aunque si insiste en hacerlo de pie, prepara para él un taburete, por ejemplo, para que alcance adecuadamente la taza del inodoro.

Cuando tu hijo use el orinal, halaga su comportamiento y anímale, pero no te excedas porque, si no tiene éxito la próxima vez, quedará muy decepcionado. No esperes obtener resultados demasiado pronto, y no fuerces ni acoses al niño con el tema. Lo natural es que se produzcan algunos escapes de pipí incluso después de que tu hijo haya terminado de hacerlo en el orinal y tú estés a punto de limpiar su culito.

Si tu hijo no cumple con las expectativas, se niega a usar el orinal o se lo hace todo encima, no te enfades. Y si el tema del orinal lo tiene estresado y habéis de pelearos constantemente, quita el orinal de en medio durante una semana o dos, hasta que tu hijo esté más preparado. No le riñas nunca ni le fuerces a sentarse en el orinal.

Usar el inodoro

Conforme tu hijo crezca, necesitarás enseñarle a usar el baño. (Algunos de los niños que empiezan más tarde a utilizar el orinal insisten en usar un inodoro desde el principio.) Si dejas que tu hijo te vea usando el inodoro, se hará mejor a la idea.

Es importante que tu hijo se sienta seguro sentado en el inodoro, por lo que puede ser de utilidad un adaptador especial para él. Tu hijo también necesitará una plataforma resistente para alcanzar el asiento y para reposar los pies. Es posible que los niños también necesiten una banqueta o plataforma elevada para hacer pipí.

Algunos niños tienen miedo de caerse por el agujero. Si fuera el caso de tu hijo, tendrás que sujetarle al principio.

También deberías acostumbrar a tu hijo a usar el baño de otras personas cuando estáis de visita. Los servicios públicos son otra oportunidad que deberás aprovechar. Enséñale a usar los diferentes tipos de dispensadores de papel higiénico, pero lleva contigo algunos pañuelos de papel por si acaso. Asegúrate de que tu hijo comprenda que en los servicios públicos deberá tener especial cuidado

---

ENSEÑARLE A USAR EL INODORO

- Permítele que tire de la cadena si quiere.
- Asegúrate de que se lave bien las manos cada vez que lo use.
- Asegúrate de que las niñas se limpien de delante hacia atrás.
- No compares los progresos de tu hijo con los de otros niños.

---

con la higiene. Enséñale a comprobar si el asiento está seco y a limpiarlo con papel higiénico si fuera necesario. Y no olvides explicarle que debe lavarse muy bien las manos después de usar el servicio.

Pasar toda la noche seco

Normalmente, el niño tarda algo más de tiempo en aprender a permanecer seco toda la noche. Tu hijo tiene que reconocer la sensación de que tiene la vejiga llena mientras está dormido, para acostumbrarse a retener el pipí hasta la mañana siguiente o levantarse e ir al baño de inmediato. Una cuarta parte de los niños de tres años mojan la cama y necesitan llevar pañal durante la noche; ten paciencia, y no te apresures a retirar las sábanas protectoras de plástico, por si se producen accidentes nocturnos.

Puedes hacer que sea más fácil para tu hijo permanecer seco toda la noche si te aseguras de que antes de ir a la cama no toma zumos de cítricos ni bebidas gaseosas o que contengan cola o chocolate. Este tipo de bebidas estimulan los riñones y producen más fluidos. Pero no limites su ingesta de líquidos tampoco, pues su vejiga ha de adaptarse para ser capaz de retener cada vez más líquido.

Puedes ayudar a tu hijo —y reducir tu propio trabajo— cubriendo la sábana de su cama con un trozo de un material impermeable, sobre el que luego colocarás media sábana. De este modo, si tu hijo se hace pipí, podrás retirar rápidamente la media sábana y habrás salvado el resto de la ropa de cama. Lo principal es permanecer tranquilo y no darle mucha importancia. Es normal mojar la cama hasta los cinco años de edad y, aunque pueda ser un poco descorazonador tener que cambiar sábanas mojadas, deberías intentar no enfadarte con tu hijo. Colocar un orinal en su cuarto puede ser de gran ayuda; también es recomendable instalar en su habitación una luz nocturna, por si le da miedo levantarse por la noche para usar el orinal.

Posibles problemas

El miedo a tirar de la cadena es muy común y puede ser un problema para aprender a usar el inodoro. Deja que tu hijo se acostumbre al ruido de la cisterna gradualmente, tira de la cadena cuando esté fuera del cuarto de baño para que pueda oírla. Cuando deje de impresionar al niño, prueba a que observe desde la puerta cómo se vacía la cisterna. Intenta mantener al niño cada vez más cerca del inodoro, hasta que esté listo para tirar de la cadena él mismo. Es posible que tu hijo tenga miedo de que al tirar de la cadena se vaya con el agua una parte de él mismo. Decir

adiós con la manita a sus propias heces antes de tirar de la cadena puede ser una buena ayuda.

El miedo de algunos niños al inodoro quizá les haga retener las ganas de hacer caca, con lo que pueden sufrir de estreñimiento. Otros niños, por ese miedo, terminan haciendo sus necesidades en los pantalones o en el suelo. Si este fuera el caso de tu hijo, no insistas en que use el inodoro y permítele utilizar el orinal hasta que esté listo para el siguiente paso. Respeta su intimidad en el baño, ya que quizá sea pudoroso, aunque deberías asegurarte de que no pueda echar el cerrojo a la puerta. Déjale que tarde el tiempo que quiera, y que lea un libro si lo desea, pues le ayudará a relajarse.

Un niño que ya haya aprendido a usar el inodoro podría tener una regresión y volver a hacer sus cosas en el sitio erróneo; esto puede deberse a trastornos físicos o emocionales, por ejemplo, tras la llegada de un nuevo hermano o después de una mudanza. Este problema suele solucionarse por sí mismo con el tiempo. Es importante que conserves la calma y que no le des demasiada importancia.

Si descubres a tu hijo jugando con el contenido del orinal (algo bastante común), permanece tranquilo y no le hagas sentir avergonzado, pero explícale que eso no debe hacerse por muchas razones, entre otras las higiénicas. Distrae su atención con otro tipo de materiales como pintura para los dedos o plastilina. Si te resulta imposible distraerle con otra cosas, consulta a tu médico.

En algún momento, tu hijo probablemente desarrollará interés por la forma de hacer pipí de los niños del otro sexo. Explícale que la razón para que las niñas se sienten y los niños permanezcan de pie es que el chorrito de un chico apunta hacia delante y el de una chica hacia abajo. Si tu niña pequeña insiste en hacer pipí de pie, déjale que haga la prueba. Descubrirá por sí misma que es peor para ella.

La seguridad

Ahora que tu pequeño empieza a caminar, tendrás que replantearte las cuestiones de seguridad en tu hogar. Las páginas siguientes tienen la intención de indicar cuáles son las áreas problemáticas y las formas posibles de reducir los riesgos tanto dentro como fuera de la casa.

Esta advertencia está especialmente dirigida a los papás que son demasiado aficionados al bricolaje —¡sí, los hay!—. Ocuparse de los temas de la seguridad y poner en práctica sus habilidades es una forma fantástica para que los padres demuestren cuánto se preocupan por su hijo. Pero esto puede ser un arma de doble filo si terminan obsesionandos con el bricolaje y empiezan a tomarlo como una vía de escape de otras labores del hogar menos atractivas. Si es tu caso, lo creas o no, tu pareja solo apreciará tus esfuerzos hasta cierto límite. Llegados a un punto, ella preferirá que te ocupes de vuestro hijo durante un par de horas, en lugar de intentar montar la tercera valla protectora de escalera en el mismo tramo mientras escuchas el partido de fútbol.

Los accidentes, tanto dentro como fuera de la casa, son la causa más común de muerte o lesiones entre los niños pequeños, y por lo tanto, es vital que protejas a tu hijo del peligro. El truco está en hacerlo sin limitar su curiosidad natural y su creciente independencia. Algunos accidentes ocurren independientemente de la edad que tenga tu hijo, como resbalar con una alfombrilla sobre un suelo pulido; otros dependen del nivel de desarrollo del niño —por ejemplo, necesita tener al menos dos años para poder quitar un tapón de rosca y beberse el contenido de la botella—. Aunque es imposible que tu hogar sea totalmente a prueba de accidentes, o mantener vigilado a tu pequeño las veinticuatro horas del día, deberás tomar las medidas de seguridad apropiadas.

Un niño de menos de tres años no comprende ni recuerda todo lo que le digas sobre el peligro y la seguridad. Pero conforme va creciendo, y en función de su nivel de comprensión, puedes mostrarle los peligros y enseñarle formas sencillas de prevenir accidentes.

HABLEMOS SOBRE SEGURIDAD

Tu pareja quiere que tú te ocupes de todos los diferentes temas de la seguridad en la casa, pero te hace sentir insolidario cada vez que sacas la caja de herramientas. Así pues, algunos trabajos importantes no se hacen, o no se hacen adecuadamente, y tu hijo tiene un accidente. ¿De quién es la culpa? El primer paso para solucionar este problema consiste en que tu pareja y tú hagáis una lista con todos los trabajos de seguridad que haya que realizar, y establecer un orden de prioridades. Es posible que, al repasarla, descubras que la lista sea demasiado larga. ¿No sería mejor pagar a un profesional que haga todo en un solo día? Otra posibilidad sería establecer un momento de cada semana, digamos entre las 9 y las 10 de la mañana del domingo, para que te ocupes de estos trabajos, de uno en uno, hasta que termines con la lista.

Mantener a tu hijo a salvo

Entre los quince meses y los dos años, es probable que tu hijo esté ya caminando con seguridad, trepando y metiéndose por todas partes. Abrirá tus cajones y armarios, le fascinará el agua, y agarrará y tirará de los objetos que estén a su alcance sobre la mesa o de las puntas de los manteles. Tu hijo no tiene sentido del peligro. Además, comenzará a imitar muchas de tus acciones, por lo que si te ve fumando un cigarrillo o tomando bebidas alcohólicas de un vaso, por ejemplo, y dejas esos objetos a su alcance, tendrá la tentación de comérselos o bebérselos.

Entre los quince y los dieciocho meses, tu hijo comenzará a comprender instrucciones sencillas y el significado de la palabra «no», si se le dice con voz firme. No obstante, procura no utilizarla demasiado: decir «no» ante cualquier acción menor de tu hijo puede hacer que haga caso omiso cuando se dé un auténtico peligro. Tu hijo también puede comenzar a comprender las consecuencias de determinadas acciones, por ejemplo, que tocar algo caliente duele.

Para cuando el niño cumpla tres años, comprenderá y recordará lo que significa el peligro. Entonces podrás comenzar a enseñarle cómo hacer o usar las cosas de forma segura; no obstante, no sobrevalores su comprensión en ningún caso. Carece de la experiencia necesaria para evaluar el peligro correctamente, incluso si parece maduro para su edad. No siempre es fácil encontrar el término medio, pero una sobreprotección de tu hijo puede ser tan peligrosa como una protección insuficiente.

PELIGROS EVITABLES

Una casa contiene muchas fuentes de peligro potencial de las que tú deberías ser consciente. La mayoría de los accidentes pueden evitarse, pero los niños pequeños, con su curiosidad sin límites y su creciente agilidad, necesitan mucha protección.

Atragantamiento, estrangulación y asfixia

Conforme tu hijo crece, el riesgo de atragantamiento se reduce, pero todavía puede atragantarse con objetos pequeños o trozos de comida. Hasta la edad de cinco años, no des a tu hijo caramelos ni frutos secos enteros; los cacahuetes son especialmente peligrosos, ya que puede metérselos en la nariz, y el aceite que contiene puede dañar sus pulmones.

No dejes al alcance del niño objetos pequeños que pueda tragarse. Comprueba si los juguetes incluyen partes pequeñas desmontables. Presta especial cuidado a las pilas botón, ya que contienen mercurio, que puede rezumar si se las traga. Si tu hijo se tragara una, llévalo a urgencias médicas inmediatamente.

Asegúrate de que no haya cables ni cuerdas que el pequeño pueda enrollarse alrededor del cuello. No dejes los cables eléctricos colgando y utiliza cables en espiral siempre que puedas. No permitas que tu hijo se ponga prendas de vestir con cordones alrededor del cuello.

Mantén alejado del niño los globos deshinchados y las bolsas de plástico, ya que podría metérselos en la boca y asfixiarse o ahogarse.

Quemaduras, y heridas por productos químicos

La piel de los niños es más fina que la de los adultos, así que pueden quemarse a menos temperatura. No dejes bebidas ni platos de comida calientes al alcance de tu hijo. Cuando cocines, hazlo en los quemadores más cercanos a la pared y gira hacia esta las asas de las cacerolas y sartenes. Las pantallas protectoras para cocinas evitan que tu hijo pueda tirarse una cacerola encima.

El detergente líquido en tabletas para el hogar puede contener elementos alcalinos concentrados. No dejes que tu hijo las toque.

Mantén la temperatura del agua caliente en 40 °C para evitar quemaduras. No es una buena idea colocar una bolsa de agua caliente en la cama de tu hijo.

Mantén un protector fijo de chimeneas frente a los fuegos de gas, eléctricos o de madera, y en frente de las estufas. No coloques calentadores móviles donde el niño pueda golpearse o tumbarlos, ni cuelgues espejos sobre la chimenea. Instala detectores de humo en el techo de cada uno de los pisos de la casa. Compruébalos regularmente. Asegúrate de que la ropa de dormir de tu hijo sea resistente al fuego y que los muebles estén recubiertos de material retardante del fuego.

Mantén las cerillas y los encendedores fuera de su alcance.

Ahogamiento

Un niño pequeño puede ahogarse en poca agua, por lo que no deberás dejar a tu hijo sin atención en la bañera, ni siquiera un momento. Si suena el teléfono o el timbre de la puerta, no acudas a contestar sin antes sacar a tu hijo de la bañera.

No dejes por ahí cubos de agua, ya que el niño podría caer dentro y resultarle imposible salir.

Supervisa siempre a tu hijo si está jugando cerca del agua y coloca una valla alrededor de los estanques del jardín o tápalos hasta que el niño haya crecido.

Cortes

Los cristales montados a baja altura en las puertas o en algunos muebles pueden romperse si tu hijo tropieza con ellos. Lo más sensato, por lo tanto, es sustituirlos por cristal de seguridad o por madera. O bien, puedes cubrir el cristal con cinta de seguridad, que no impedirá que el cristal se rompa pero sujetará los trozos y reducirá el riesgo de que ocurra un accidente grave.

Si tienes un destructor de documentos en la casa, guárdalo sin enchufar y fuera del alcance de tu hijo, y nunca dejes que lo utilice, ni siquiera bajo tu supervisión.

Intoxicación

Las medicinas y los productos que contengan agentes químicos, como los de limpieza, deberán guardarse bajo llave o donde los niños no puedan alcanzarlos.

Guarda las medicinas y el resto de los productos potencialmente peligroso en recipientes con tapaderas que resulten difíciles de abrir a tu hijo, pero aun así no te confíes. No dejes pastillas en tu bolso ni en tus bolsillos y nunca te refieras a ellas como caramelos.

Coloca las plantas venenosas fuera del alcance de tu hijo y enséñale a no comerse ni a coger nada del jardín sin preguntarte primero.

Caídas

Las ventanas deberán estar equipadas con cierres o topes que eviten que tu hijo las abra más de diez centímetros. No obstante, asegúrate de que puedas abrirlas fácilmente en caso de incendio. El alféizar de la ventana no deberá ser accesible a tu hijo ni usarse como lugar para sentarle. Si puedes, retira los muebles, como camas o sillas, de forma que no queden debajo de las ventanas.

Los suelos no deberán ser resbaladizos y evitarás las

alfombrillas sobre suelos pulidos. Intenta recoger inmediatamente cualquier líquido que se derrame.

Los muebles deberán ser estables y no volcarse con facilidad.

La trona ha de ser sólida y con una sujeción para la cintura y otra que pase entre las piernas del niño, que impida que se ponga de pie.

Instala protectores en las esquinas de las mesas. Coloca los objetos y adornos pequeños fuera del alcance del niño.

Instala vallas de seguridad arriba y abajo de todas las escaleras. Quítalas solamente cuando tu hijo sea capaz de subir y bajar los escalones sin demasiado riesgo de caerse. Comprueba que le resulte imposible colarse entre los barrotes, meterse por debajo o trepar por encima de la baranda. Si fuera necesario, coloca una red tupida o una tabla de protección.

Electrocución y quemaduras eléctricas

Los enchufes modernos están diseñados para evitar la electrocución, pero si hay alguno de fácil acceso, coloca tapones protectores. En todo caso, deberás enseñar a tu hijo a que no meta sus dedos ni ningún objeto en los enchufes.

Comprueba también si existen cables eléctricos pelados y si la instalación eléctrica de la casa es demasiado vieja, ya que puede ser causa de incendio.

Evita adquirir equipos eléctricos de segunda mano o que no tengan las suficientes garantías de seguridad.

SEGURIDAD FUERA DE CASA

Además de tomar medidas en tu propio hogar, también tendrás que asegurarte de que tu hijo esté seguro cuando juegue fuera de casa o cuando visite a otras personas en las suyas.

SEGURIDAD BAJO EL SOL

La insolación no solo es dolorosa sino que, además, aumenta el riesgo de sufrir cáncer de piel en la edad adulta. Y no olvides que cuanto más clara sea la piel del niño, mayor será el riesgo.

Mantén a tu hijo alejado del sol en las horas más calurosas, es decir, normalmente entre las 11 de la mañana y las 3 de la tarde. Protege siempre la piel de tu hijo con una crema solar para niños, mejor si es resistente al agua. Vuelve a aplicar el protector con frecuencia, sobre todo después de que se haya bañado.

Invita siempre a tu hijo a jugar en la sombra, pero ten cuidado con algunas superficies como la nieve, la arena, el agua, el cemento y el cristal, que reflejan los rayos solares. Los niños también pueden quemarse aunque el cielo esté nublado, así que utiliza la crema protectora solar incluso en días grises.

Si quieres proteger los ojos de tu hijo, cómprale unas gafas con filtro ultravioleta.

Si tu hijo sufre una insolación, enfríale con un baño o ducha de agua tibia o con compresas frescas. Aplícale loción de calamina o bálsamo para después del sol. No revientes las ampollas que puedan salirle. Dale bebidas frescas, ya que puede estar deshidratado, y una dosis de paracetamol. Mantenlo dentro de casa.

Si tu hijo sufre quemaduras severas, o tiene temblores, fiebre o vomita, deberá verle un médico.

SEGURIDAD EN LA CARRETERA

Cuando lleves a tu hijo a dar un paseo, utiliza un arnés o sujeta su mano firmemente para que se mantenga seguro a tu lado. Si va en un carrito, regula siempre bien las correas y asegúrate de no sobrecargarlo con las compras, pues podrían volcar el carrito. Enséñale seguridad en la calle con tu ejemplo: busca un lugar seguro para cruzar y explícale por qué tienes que parar, mirar y escuchar antes de cruzar la calle. Enséñale a buscar al «hombrecillo verde» y al «hombrecillo rojo» de los semáforos. No dejes que tu hijo se acerque a la calzada.

EN EL COCHE

Cumple las normas del uso de asientos para niños, sistemas de sujeción y el lugar donde tu hijo debe sentarse en el coche. Respeta las instrucciones del fabricante cuando instales en tu vehículo su asiento especial. Si tienes duda, pide a un profesional que te lo instale. Es obligatorio equipar el coche con cerraduras a prueba de niños.

Nunca permitas que tu hijo viaje en ningún vehículo sin la sujeción adecuada.

Los airbags de los asientos delanteros de un coche pueden ser muy peligrosos para los niños. Si se disparan, pueden asfixiarlos o herirlos. Si tu vehículo los posee, monta siempre la sillita en los asientos traseros. No dejes nunca a tu hijo solo en el coche, ni siquiera un par de minutos.

EN LOS COLUMPIOS

La experiencia de jugar al aire libre comporta riesgos potenciales, como un equipamiento poco seguro, las cacas de los perros o los estanques de agua. Siempre que sea posible, déjale corretear a su aire dentro de una zona de juegos que esté vallada, enseña a tu hijo a no correr delante de los columpios.

Enséñale a no perseguir ni tocar los perros de desconocidos sin pedir permiso a su dueño.

EN EL JARDÍN

A los niños les encanta explorar en el jardín y ayudar con el trabajo de jardinería. Pero hay que tomar algunas medidas de seguridad para que juegue sin riesgo de accidentes.

Mantenlo alejado de hogueras y barbacoas; limpia las heces de perro y gato; fija la tapa de los cubos de basura y asegúrate de que todas las escaleras portátiles estén fuera de su alcance. Si tu coche está aparcado cerca del jardín, asegúrate de que tu hijo no esté cerca cuando lo muevas o trabajes en él.

9

Mi nuevo mejor amigo

Dos son compañía

Tu hijo ya ha cumplido los doce meses y ha dejado de ser un bebé. Probablemente ha entrado en la etapa de los «terribles dos» con gran placer —que de hecho comienza alrededor de los 18 meses— y es posible que tenga frecuentes rabietas. Es una etapa fascinante para los padres, ya que comienzan a ver cómo emergen los primeros signos de la verdadera personalidad de su hijo. Este período entre los 12 y los 36 meses, cuando tu hijo camina y habla con seguridad, es cuando empiezas a sentir de verdad que en casa sois tres y que, ahora sí, tienes un nuevo mejor amigo.

Construir la relación

Muchos papás tienen la impresión de que al estar todo el día en el trabajo no pueden desarrollar una adecuada relación con su hijo. Pero según las investigaciones sobre los efectos en madres trabajadoras se ha demostrado que no hay diferencia entre los lazos de unión con sus hijos en comparación con aquellas que se han quedado en casa para cuidarles. El factor clave es que esas mujeres trabajadoras se aseguraron de dar a sus hijos toda la atención positiva posible cuando estaba en casa. Ya que no parece haber ninguna razón en contra, este planteamiento debería también valer para los padres que se encuentran en la misma situación.

Prácticamente todo lo que hace tu hijo implica alguna forma de aprendizaje, y tu influencia sobre su comportamiento se da desde edades muy tempranas. Es increíblemente curioso y valorará tu papel de profesor, por lo que es una buena idea desarrollar esta parte de vuestra relación, por ejemplo, llevándotelo de excursión para que aprenda sobre las plantas y los animales reales. Muchas veces te sentirás de vuelta a tu infancia, redescubriendo el interés y el placer de las cosas más sencillas de la vida, que muchos adultos olvidan con la cotidianeidad.

Alcanzarás un grado de interacción más íntimo si puedes bajar físicamente al nivel de tu hijo durante el juego; literalmente, sentándote o echándote en el suelo junto a él y relajándoos juntos. Las mamás acostumbran armar menos jaleo al jugar que los papás, así que aprovecha

esta oportunidad de establecer lazos con el niño jugando a las peleítas, a corre que te pillo y a la pelota.

En el otro extremo se encuentran actividades más tranquilas, como colorear dibujos juntos, que os unirán tanto física como mentalmente, y pueden ser sorprendentemente relajantes... siempre que no discutáis sobre quién puede usar el lápiz rojo o si el pelo de la princesa es castaño o rubio. Los puzzles pueden ser también muy entretenidos y una buena ayuda al desarrollo.

Otra forma agradable de reforzar los vínculos con tu hijo es cocinar para él regularmente. Elegid juntos las recetas y pídele que te ayude en la cocina. Él se dará cuenta de esta ruptura con la rutina y recordará tus esfuerzos. Con suerte, se lo comerá todo y esperará con ilusión la siguiente sesión de cocina con su papá.

Fuera de casa, busca clases a las que pueda asistir tu hijo, como clases de ballet o de gimnasia. Este tipo de acontecimientos semanales desarrollarán otro lazo único entre tu hijo y tú, y te permitirá conocer a otros padres, además de suponer un descanso para tu pareja. Normalmente son las madres las que llevan a los niños a las fiestas de cumpleaños, mientras los padres, a menudo incapaces de relacionarse socialmente de forma relajada, esperan en el coche leyendo el periódico o, sencillamente, se quedan en casa con el bricolaje. Pero cuantos más esfuerzos hagas por asistir a esas reuniones, más fácil te resultará. ¡Lánzate a ello! Ve primero con tu pareja y vuestro hijo, y la vez siguiente acude solo con él. Pronto establecerás trato con otros papás —que se sienten igual que tú— y con sus hijos. Además de hacer nuevos amigos, conocerás las experiencias de otros padres y descubrirás algún buen consejo sobre los cuidados del niño. Al final, las fiestas infantiles serán una parte importante de tu desarrollo como padre, y una forma fantástica de desahogarte de las tensiones.

¿QUÉ IDEA TIENE TU HIJO DE TI?

Pide a tu hijo pequeño que haga una imitación de ti. ¿Con qué le sale? Probablemente te sorprenderá haciendo alguna cosa de la que tú no tenías ni idea que fuera parte de tu comportamiento de cada día o, en todo caso, será algo que no podría considerarse como tu característica más definitoria. Se trata de un ejercicio muy sencillo que, la mayoría de las veces, resultará muy ilustrativo, si bien en otras ocasiones podría resultar humillante para ti o incluso preocupante. Un papá contempló horrorizado cómo su hija entraba dando zapatazos en la habitación con cara de perro y gritando: «¿Qué leches está pasando aquí?». En otras palabras, será mejor para ti que no pongáis ese juego en práctica delante de nuevos amigos ni de los vecinos.

Mostrar cariño

Este es un aspecto con el que no todos los papás se sienten cómodos, pues durante mucho tiempo se les ha ido anulando ese «lado femenino». Si tu hijo ha cumplido ya los dos años y todavía tienes problemas para mostrarle tus sentimientos, entonces sí que necesitas ocuparte de este asunto. Es el momento de liberarte de cualquier inhibición masculina y de demostrar claramente a tu hijo que le quieres, que te gusta estar con él, que le escuchas y que le tomas en serio. De hecho, tienes que decir a tu hijo que le quieres, y convertir esto en una costumbre que continúe a lo largo de toda vuestra relación.

Puedes mostrarle tu cariño de las formas más simples, ya sea con una sonrisa, con muchos abrazos, tomándole de la mano o simplemente haciendo cosas juntos. Piensa en la importancia que concedemos al lenguaje corporal de otros adultos para determinar si les caemos bien o no, si aprueban nuestra conducta. ¿Qué señales estás tú enviando a tu hijo con tu lenguaje corporal?

El contacto físico que estableces durante las rutinas diarias como el lavado, el baño o incluso el cepillado de los dientes de tu hijo, te ofrece numerosas oportunidades para demostrarle cuánto te preocupas por él. Se trata de ganar confianza y cercanía, igual que lo harías cuando estableces lazos con un bebé recién nacido.

A estas alturas, estará claro que el objetivo principal en la vida de tu hijo es divertirse tanto como pueda cada día, y te anotarás muchos puntos si te prestas como cómplice de buena voluntad. Tu hijo también estará desarrollando su sentido del humor. Te darás cuenta de esto cuando te ofrezca un juguete o un poco de comida y luego te lo retire, o si te roba el asiento cuando te levantes y no te deja sentarte de nuevo. Esto es un beneficio añadido, ya que la risa, por supuesto, es una fantástica herramienta para establecer lazos de unión. Aportará otro nivel de comunicación con tu hijo y una inyección extra de diversión en vuestros juegos.

Tú también puedes mostrar cariño simplemente estando con tu pequeño en las ocasiones que son importantes para él. Planifica tus vacaciones anuales de forma que puedas reservar algunos días para los principales acontecimientos familiares, incluyendo cumpleaños, excursiones y los días especiales en la guardería.

Procura estar con él en sus «primeras veces», como en su primer corte de pelo, su primer día de guardería, su primer paseo en tren o su primera visita a la biblioteca. Estas ocasiones serán grandes recuerdos para los dos, sobre todo si no olvidas llevarte la cámara de fotos. Luego, puedes usar las fotos para hacer con tu hijo un álbum.

Pero no vayas a pensar que es tu obligación entretenerlo todo el tiempo con una gran sonrisa de payaso. De vez en cuando te mereces un descanso, por lo que no deberías sentirte mal contigo mismo si le dejas jugar un ratito a solas mientras te sientas en el mismo cuarto y lees un periódico o un libro.

Y si viene otro bebé...

Puede que estéis esperando otro bebé y que pienses que esta vez criarlo te resultará más fácil. ¡Pero las cosas no son así! Tendrás más experiencia, cierto, por lo que estarás más tranquilo en cuanto a los cuidados del recién nacido, pero es imposible predecir el carácter del nuevo bebé y cómo será en comparación con el primero. ¿Dormirá mejor o peor?

Cuidar de dos niños pequeños es, indudablemente, mucho más estresante, ruidoso y agotador, y exige mucho más tiempo que cuidar de uno. Pero al mismo tiempo, hay el doble de amor y felicidad en la casa, e incluso si habías jurado que nunca tendrías otro bebé, cuando empiece a crecer, es más que posible que eches de menos esos primeros días, y te preguntarás si podrías hacer sitio en casa para un tercero.

HABLEMOS SOBRE GUARDAR RECUERDOS

Pasar todo el día fuera de casa puede resultarte muy difícil durante el período de los doce a los treinta y seis meses de tu hijo, porque se está desarrollando en tantas facetas diferentes que tienes la impresión de que te lo estás perdiendo. Una forma fantástica de mantener el contacto cuando estás en el trabajo es comenzar a hacer un álbum de fotos y recuerdos con tu hijo. Habla con tu pareja sobre este tema, ya que solo funcionará si cuentas con su ayuda. Empieza el fin de semana y pide al niño que lo continúe durante la semana. Con la ayuda de tu pareja, siempre que tu hijo haga algo gracioso o significativo que ella quiera contarte, puedes registrarlo con algún recuerdo en el álbum. Cuando estés en casa, podrás ponerte al día con sus actividades y repasar el álbum con tu pareja cuando estéis juntos.

Uno de los aspectos importantes en la preparación para la llegada de un segundo bebé es asegurarte de que tu primer hijo acepta bien la idea. Esto no va a ser fácil. ¿Cómo te sentirías si tu mujer te anunciara que, además de ti, quiere tener otro marido, o si tu jefe te dijera que va a contratar a otra persona que se sentará junto a ti y hará tu mismo trabajo?

Con suerte habrás podido planificar todo con tiempo y ocuparte de las numerosas prioridades domésticas de tu hijo mayor antes de que el nuevo inquilino llegue al mundo. Desafíos como enseñar a tu hijo mayor a usar el orinal, por ejemplo, serán mucho más difíciles de sobrellevar cuando tengas un segundo hijo al que cuidar. Además, lo más sensato es no introducir ningún otro cambio importante en la vida de tu hijo mayor mientras se está acostumbrando al bebé.

Después del nacimiento, da a tu hijo mayor un regalo «de parte del bebé», y guarda otros preparados para cuando los amigos y la familia vayan a visitaros con obsequios para el recién llegado. Así te asegurarás de que tu hijo mayor no se sienta relegado. Puedes pedir a las visitas que presten atención especial a tu hijo mayor.

HABLEMOS SOBRE | DAR LA NOTICIA

Una vez que el embarazo haya sido confirmado, es una buena idea acordar el momento de decírselo a vuestro hijo. Tu pareja, sin duda, estará centrada en el embarazo y en sus sentimientos, y le costará atender las exigencias continuas de vuestro hijo. Pero este es un tema importante. Aunque nueve meses es un tiempo muy largo para que tu hijo tenga que esperar a su nuevo hermanito, tampoco debe dejarse el asunto para última hora. Habla con otros padres sobre sus experiencias, y planifica la forma y el momento de dar a tu hijo la noticia. Una vez que lo hayas hecho, puedes ir aumentando el nivel de interés y aceptación de tu hijo conforme se vaya acercando el momento del parto.

Es muy posible que tu hijo mayor vuelva a comportarse como un bebé cuando su nuevo hermanito entre en escena. Puede que tenga la impresión de que le falta tu atención, lo que no es sorprendente, dado que ha sido el receptor de todo tu cariño desde el día en que nació. De repente, hay competencia y se siente abandonado cuando sus padres están ocupados en los cuidados del bebé.

Como padre, desempeñarás un papel muy importante para el equilibrio de la familia en ese período tan difícil. Tu pareja estará centrada en el recién nacido, especialmente en su alimentación, así que tú tendrás que dedicar más tiempo a tu hijo mayor, incluso si esto pone trabas a tus lazos de unión con el bebé.

La historia de Tony

Durante las tres primeras semanas después del parto, nuestra hija adoraba a su hermano, pero luego su interés por la novedad desapareció cuando se dio cuenta de que el nuevo bebé estaba allí para quedarse. Durante una visita a mis padres, la oí negociar en susurros con la abuela, pidiéndole que se quedarán con el niño. En otra ocasión me preguntó si podía sacar al niño con la basura. Cuando quise saber por qué, ella contestó: «Porque es basura». Sin embargo, después de un par de meses volvió a mostrarse encantada con él, y sigue siendo así desde entonces.

es no dejar al hijo mayor a solas con su hermano hasta que haya superado por completo esa fase. Por otra parte, no hay mucho más que tú puedas hacer. Simplemente asegúrate de que encuentras tiempo para estar a solas con tu hijo mayor todos los días, sigue diciéndole lo especial que es para ti y cuánto le quieres, pero explícale que el bebé necesita más ayuda de ti hasta que pueda cuidarse por sí solo. Pide a tu hijo mayor que te ayude a cuidar de su hermanito, para que tenga la impresión de desempeñar el papel de adulto en la vida familiar. Recuérdale lo listo que es porque puede hacer muchas más cosas que el bebé y explícale que más adelante podrá enseñarle cómo abrir una puerta o dar una patada a un balón. Al final, tu hijo mayor se dará cuenta de que, de hecho, cuenta con un nuevo compañero de juegos disponible las veinticuatro horas del día, que copia todos sus movimientos y que sin duda alguna le adora.

Niñas y niños

Algunos papás quizá se sientan defraudados si su hijo no es un niño. Pero ¿de verdad existen diferencias entre los niños y las niñas o, simplemente, es que hacemos que sean diferentes porque los tratamos de distinta forma? Por ejemplo, los investigadores han observado que los padres son menos propensos a ayudar a un niño que llora porque se ha hecho daño que a una niña en las mismas circunstancias. Es posible que esto se deba a que los padres son

Algunos niños empiezan a hablar de nuevo con voz de bebé, otros se hacen pipí encima otra vez o exigen abrazos en mitad de la noche, sobre todo si el bebé duerme en la habitación de los padres.

Es posible que tu hijo mayor tenga comportamientos violentos hacia su hermanito. Si esto sucede, déjale bien claro que eso está mal, pero no le riñas en exceso. En general, lo mejor

La historia de Matt

Mi hija pasó por una etapa realmente complicada en la que se negaba a llevar otra cosa que no fueran vestidos. Gritaba y peleaba si nos acercábamos a ella con unos pantalones en la mano, o incluso una falda, y todo esto en pleno invierno. Al final, dejamos de luchar contra ella y nos hicimos con vestidos gruesos de lana y algunos leotardos. Pero su hermano había empezado a copiar estas reacciones y comenzó a ponerse peleón respecto a su ropa. Se negaba a ponerse un jersey con un dibujo de un rinoceronte y, al final, tuvimos que regalarlo. Lo curioso es que el niño al que se lo dimos también se negó a ponérselo.

más protectores con las niñas, y a que piensan que los niños deberían ser fuertes. A un nivel simplista, uno podría imaginarse que los niños aprenden a ocultar sus emociones y a soportar el dolor, mientras que las niñas crecen con mayores probabilidades de mostrar sus emociones y de expresar sus sentimientos.

Se dice que los niños tardan más tiempo que las niñas en aprender a hablar, y que normalmente les gustan más los juegos prácticos y mecánicos, los juguetes como vehículos, además de los juegos físicos. A las niñas parece interesarles más la conversación, los juegos interactivos, o bien con sus muñecas, o los juegos donde interpretan papeles —normalmente vestidas de princesitas.

También se dice que las niñas son más «malvadas» que los niños, ya que utilizan armas psicológicas contra sus víctimas en lugar de la fuerza bruta que suele asociarse con los niños violentos. La mayoría de los hombres aprenden esto mucho antes de llegar a ser padres.

Por lo tanto, es difícil dilucidar qué características son naturales y cuáles son producto de la educación. Pero lo que sí está claro es que nosotros, como padres, tenemos una gran influencia en el desarrollo de nuestros hijos y que, sean del sexo que sean, hemos de respetarles como individuos y tratarlos en consecuencia.

Aprovechar el tiempo en familia

Independientemente de cómo te sientas respecto a tu trabajo antes del nacimiento de tu hijo, sin duda, ahora volverás a reevaluar tus impresiones. Lo mires como lo mires, el trabajo te roba tiempo que podrías pasar con tu familia.

Las cosas van poniéndose más fáciles conforme la sociedad comienza a reconocer la importancia de la paternidad y la crianza de las futuras generaciones. También existe una aceptación creciente respecto a la búsqueda del equilibrio entre el trabajo y la vida familiar como algo positivo, tanto para los empleados como para las empresas.

Así pues, el primer paso para sacar el máximo provecho a tu tiempo en familia consiste en comprobar la política de vuestra empresa y compararla con la normativa nacional sobre horarios de trabajo, ya que la situación podría ser más favorable a la familia de lo que creías.

Con suerte, tu jefe inmediato tendrá su propia familia y sabrá valorar las presiones a las que te enfrentas. Si no fuera el caso, tendrás que asegurarte de que tu superior y el resto de los compañeros cercanos están al tanto de tu vida familiar e intentar ganarte su simpatía. Pero independientemente de lo que hagas, no te conviertas en un tipo aburrido que siempre

HABLEMOS SOBRE | HACER TU TRABAJO

Tu pareja estará pendiente del tiempo que dedicas al trabajo, ya que los días en casa al cuidado de un bebé pueden hacerse muy largos. Mientras tanto, tú también te sientes bajo presión en el trabajo por parte de los compañeros, que esperan de ti que sigas haciendo las mismas horas de oficina que ellos. En el fondo, tu pareja sabe que es importante para toda la familia que tú conserves tu empleo, pero al mismo tiempo necesita sentirte próximo. Debes hacer todo lo posible por llegar a casa a buena hora, ciñéndote cuanto puedas a tu horario oficial de trabajo sin dejar de cumplir en él. Utiliza el tiempo de desplazamiento a la oficina para ponerte al día o para adelantar trabajo, y procura que tus compañeros y jefes lo sepan. Tanto si utilizas un ordenador en el tren como si vas pensando mientras conduces, ese tiempo es ideal para encontrar ideas nuevas o resolver asuntos complicados.

habla del bebé y es incapaz de sacar otro tema que no sea lo maravillosos que son tus hijos.

¿Existe la posibilidad de tener un horario de trabajo flexible? Esto te permitiría ocuparte de pequeñas urgencias de la casa sin tener que recurrir a los días de vacaciones ni a los días sin sueldo, y, ni que decir tiene, a la buena voluntad de tus compañeros.

Podrías emplear ese tiempo en llevar a tu hijo a la guardería. Sería una buena forma de conocer a los papás de la zona para establecer una red informal de apoyo, y podrías ver las caras de los amiguitos de los que tu hijo habla todo el tiempo. De pronto, te encontrarías con un nuevo nivel de conversación y de interacción con tu hijo. Si puedes ser tú quien le vista y le dé el desayuno, asumirás un papel activo en su rutina diaria.

Cuando por fin tengas la impresión de que estás compartiendo con tu familia todo el tiempo posible durante la semana, el paso siguiente consiste en sacar el máximo partido a ese tiempo. Pero eso es algo que queda en tus manos y en el esfuerzo que quieras realizar. Simplemente, recuerda reservar algo de tiempo durante los fines de semana para pasarlo a solas con tu hijo a fin de reforzar vuestros vínculos, algo que tu pareja también agradecerá.

La historia de Mike

Yo salía a trabajar todos los días y llegaba a casa justo a la hora en que mi hija tenía que irse a la cama. Me parecía que las cosas estaban bien así, pero poco a poco me fui dando cuenta de que tenía que llegar a casa antes. Cuando era su hora de acostarse, estaba cansada y nerviosa, al igual que mi mujer. Otros padres me han contado que en su casa se produce un auténtico caos por la noche, cuando todo el mundo está ya tan estresado que no puede más. Hablé del tema con mi mujer y reuní valor para planteárselo a mi jefe. Conseguí cambiar mi horario, justo lo suficiente para llegar a casa media hora antes. Es sorprendente la diferencia que puede suponer media hora. Ellas ya no llegan al punto de lamentarse, y yo paso un rato muy valioso con mi familia.

10

Cambios de comportamiento

—

Ser el modelo que imitará

¿Alguna vez te has considerado el modelo para alguien? ¿Tienes hermanos o hermanas menores que siempre te han mirado con admiración, o estás a cargo de empleados de los que esperas que sigan tus pasos en el trabajo? ¿Te has dado cuenta ya de que probablemente serás el más importante modelo a imitar en toda la vida de tu hijo? Es una perspectiva aterradora y, consecuentemente, la mayoría de los padres evitan el tema y no analizan en profundidad de qué forma su comportamiento influirá en el de su hijo... hasta que sea demasiado tarde para hacer algo.

Y este tema no solo es importante para vosotros como familia, sino para la sociedad en su conjunto. Si todos los padres fueran modelos perfectos dignos de imitar, ¿cuánto cambiaría la sociedad para bien en tan solo veinte años? Pero si todos los padres fueran unos modelos terribles, ¿te gustaría vivir en la sociedad que se crearía?

Incluso en los primeros días de vida de tu hijo podrás observar cómo imita tu comportamiento, ya sea al remover una cuchara dentro de un cuenco vacío o al copiar tus estornudos. Está aprendiendo de ti de la forma más básica, pues la imitación es la forma en que aprendemos todo. Tu hijo seguirá imitándote y aprendiendo de ti a lo largo de toda su infancia y adolescencia, lo que supone una gran carga sobre tus hombros. Además, desempeñar el papel de modelo a imitar se te hará incluso más difícil si comienzas con mal pie y luego tienes que dedicar tiempo extra a corregir las impresiones que has causado, una vez que tu hijo se ha acomodado a un tipo de comportamiento.

Desarrollar líneas directrices

En primer lugar, la mayoría de los hombres recurrirán a sus propios padres si buscan consejo en estos aspectos, y reflexionarán acerca de qué tal lo hicieron ellos como modelos a imitar. Pero, con frecuencia, las influencias sobre tu vida habrán sido muchas, y tus cualidades estarán tan imbuidas

A todos nos gusta concentrarnos en nuestras propias cosas, pero si no haces caso a tu hijo cuando quiera hablar contigo, le estarás enseñando que él no es muy importante para ti.

en tu personalidad que será difícil determinar qué aspectos has tomado de tu padre, para bien o para mal. Una buena forma de comenzar es preguntar a tu pareja. Incluso si no te lo había dicho antes, ya tendrá una visión acerca de las similitudes entre tú y tu familia, y sobre los rasgos que has tomado de tu padre, tanto si te gusta lo que te diga como si no. En cualquier caso, este tema te exigirá un considerable tiempo de reflexión, algo con lo que probablemente no cuentas en este momento. Pero es fundamental contar con algunos principios directrices a los que aferrarte conforme pasas por la experiencia de ser padre. No se trata de un plan rígido e intimidatorio, sino de algunas directrices que se desarrollarán conforme vas progresando, para ofrecer una base y estructuras sólidas a la vida de tu hijo, sobre la que este pueda trabajar y desarrollar su propia personalidad.

Una de las formas de comenzar a reflexionar sobre este tema es anotar las cualidades clave que te gustaría ver en tu hijo cuando sea un adulto. Luego, escribe una lista de tus propias cualidades. ¿Qué tal sale la comparación? En esta etapa, es posible que quieras arriesgarte a hacer el ridículo y mostrar la lista a tu pareja para preguntarle si está de acuerdo. (No estaría mal que ella también hiciera su lista, ¿verdad?) Si vuestras listas tienen un nivel de coincidencia razonable, entonces, estás en el camino correcto. Ahora, toma la lista de tus cualidades y anota de qué forma demuestras a tu hijo diariamente cada una de esas cualidades. Esa es la parte más difícil.

La mayoría de nosotros damos por hecho que somos buenas personas y que nuestros hijos también lo serán. Pero quizá deberíamos observar nuestro comportamiento con más detenimiento. Los niños no pueden distinguir entre lo correcto y lo incorrecto, y no comprenden la ironía. Los adultos pueden ver más allá de sus hábitos menos agradables y valorarse en conjunto, equilibrando lo bueno con lo malo, sabiendo que tienen buenas intenciones, incluso si no siempre lo demuestran. Por el contrario, los niños nos verán haciendo cosas, dando por hecho que son buenas y adoptándolas. Por ejemplo, las más recientes investigaciones sobre acoso (bullying) en los colegios sugieren que los acosadores sufren acoso y temor en sus casas por parte de sus padres y, de forma natural, repiten este comportamiento cuando interactúan con otros niños.

Así que cuando se trata de ejercer una influencia sobre tu hijo, no basta con tener una lista de principios directrices; debes estar a la altura y hacer que él vea que cumples con esas expectativas. Si todo esto te parece muy teórico hasta ahora, recuerda que una de las áreas donde puedes conseguir beneficios rápidos y prácticos para ti y para tu hijo reside en la observación de la forma en que tú y tu pareja interactuáis. Tu hijo se verá muy influenciado en sus relaciones por el comportamiento de sus padres. Por lo tanto, intenta mantener en privado cualquier asunto difícil entre vosotros, pero deja que tu hijo participe en la parte tierna, afectuosa y comunicativa de la relación que mantenéis tú y tu pareja.

El tema de la disciplina

La forma que tengas de orientar y disciplinar a tu hijo afectará, inevitablemente, a su forma de madurar y de comportarse cuando sea un niño más mayor o un adulto. Una disciplina demasiado autoritaria puede incapacitarle para tomar decisiones por sí mismo más tarde en la vida. Por otra parte, la falta de disciplina en edades tempranas puede significar que no desarrolle ningún tipo de autocontrol ni de predisposición a aceptar la responsabilidad de sus actos. Por lo tanto, lo más sensato es seguir un camino más flexible, un término medio entre los dos extremos. Este planteamiento incluye reglas sólidas, pero con una disciplina acompañada de explicaciones, discusiones y un determinado grado de independencia de tu hijo. Crecerá en un entorno de apoyo en el que sus necesidades son respetadas. Con suerte, este camino le llevará a convertirse en un niño con autoconfianza, con autocontrol y con conciencia de la sociedad, y finalmente en un adulto de iguales características.

LAS REGLAS DE ORO

Hazte planteamientos coherentes

Es muy importante que establezcas límites razonables y que te atengas a ellos. Tu hijo se sentirá confuso y frustrado si se le permite hacer algo un día y se le riñe por hacer lo mismo al día siguiente. Tu apreja y tú deberéis acordar una estrategia en cuanto a la disciplina y evitar ofrecer al niño la oportunidad de manipularos o enfrentaros.

Plantea a tu hijo directrices claras

Sé concreto sobre las normas, en lugar de realizar afirmaciones vagas. Explica al niño por qué se le impone una disciplina, por ejemplo, si vuelve a pegar a alguien después de que le dijeras que parara. Y no le castiguéis dos veces: si tú o tu pareja ya le habéis reñido por algo, con que uno de los dos lo haga es suficiente.

Utiliza el lenguaje coherentemente

Hay muchas formas de decir lo mismo, pero tu hijo probablemente supondrá que cada forma tiene un significado diferente y estará confuso. Por ejemplo,

DIFERENTES TIPOS DE CASTIGO

Regañarle A los niños les gusta agradar a sus padres, por lo que simplemente regañarles cuando están haciendo o han hecho algo malo puede ser muy efectivo. Pero solo funcionará si lo usas con moderación y de forma convincente. Si le regañas constantemente por cualquier cosilla, el efecto será negativo y simplemente dejará de escucharte. Cuando regañes a tu hijo:

- Asegúrate de que te presta toda su atención. Mírale a la cara, agachándote para estar a su nivel o sentándolo sobre una silla.
- Tu voz debe sonar firme y denotar confianza. Usa pocas palabras y ve al grano, dejando claro por qué estás enfadado.

- Indícale las consecuencias de un mal comportamiento continuado.
- Comprueba si ha comprendido lo que le has dicho.

Tiempo muerto Esta es una forma sencilla y objetiva de corregir el mal comportamiento, o de apartar a tu hijo de una situación no deseada. Cuando se porte mal, llévalo a una habitación aparte y dile que se siente en silencio en una silla a la que él pueda subir sin ayuda. Dile por qué está en «tiempo muerto» y déjale allí durante un minuto por cada año que tenga. Lo ideal es que la habitación sea silenciosa y sin estímulos. Si sale de la habitación antes de que finalice el tiempo del todas las palabras o frases siguientes significan básicamente «no»: espera, quieto, no lo hagas, no te muevas, no hagas eso, vuelve, déjalo, para... Ponte de acuerdo con tu pareja sobre las ordenes simples que deberéis usar y, luego, hacedlo de forma coherente para conseguir la respuesta adecuada de vuestro hijo. Recuerda que un exceso de cualquiera de esas órdenes conducirá a la indiferencia.

Alaba el comportamiento de tu hijo

Cuando se porte bien, muéstrale tu reconocimiento, en lugar de comentarle solamente las cosas que hace mal. El refuerzo positivo de los buenos hábitos es la mejor forma de mejorar su comportamiento a largo plazo.

No amenaces en vano

Amenaza solo con castigos que sepas que llevarás a cabo. Por ejemplo, decirle que no le dejarás comer chocolate nunca más es una amenaza imposible de realizar. Muy pronto tu hijo se dará cuenta de que no tienes intención de hacer lo que dices y será más difícil imponerle disciplina.

Da a tu hijo una oportunidad

Asegúrate de que tiene la oportunidad de comportarse de otra manera antes de castigarle. Si, por ejemplo, le está dando patadas a una silla, invítale a salir al jardín y a darle patadas a la pelota. Dile que vas a contar hasta diez y adviértele de las consecuencias si no te hace caso.

Haz las paces con tu hijo

Una vez que hayas disciplinado a tu hijo, hazle saber que tú todavía le quieres tanto como siempre, y luego ocúpate de otros asuntos.

castigo, vuelve a llevarlo allí y a hacer que se siente en la silla. Repite esto todas las veces que sea necesario hasta que haya cumplido el tiempo del castigo y evita cualquier discusión. Una vez cumplido el tiempo, dale un abrazo y olvida el incidente. Al igual que el resto de las técnicas disciplinarias, si se abusa de ella, su efecto se reduce.

Cachetes La mayoría de los padres tienen la tentación de dar un cachete a su hijo en algún momento, y hay quien piensa que un pequeño cachete es una forma efectiva de tratar el mal comportamiento. En todo caso, solo se debería utilizar como último recurso. En algunos países está prohibido, pero incluso si no fuera ilegal, existen poderosas razones para evitarlo. En primer lugar, se podría hacer daño al niño, o perder el control de uno mismo. En segundo lugar, pegar no es efectivo, ya que el niño se acostumbra. Y en tercer lugar, puede inducir a tu hijo a utilizar comportamientos agresivos, ya que considerará que si tú se lo haces a él, debe de ser algo aceptable. Si alguna vez das un cachete a tu hijo, deberá ser justo en el momento de tener que regañarlo y muy ocasionalmente —por ejemplo, un toquecito en la mano cuando se esté aproximando a algún peligro—, y solo cuando el resto de las tácticas hayan fracasado. Solo deberás emplear tus manos y darle un único cachetito.

Frenar el mal comportamiento

Los niños necesitan límites que les ayuden a regular su comportamiento. Si saben qué es lo que se espera de ellos y hasta dónde pueden llegar, se sentirán seguros. Es necesario establecer directrices y debe controlarse el mal comportamiento. Pero un niño pequeño solo está empezando a aprender a controlar su cuerpo y su comportamiento, así que cualquier tipo de disciplina habrá de ser la adecuada para la edad y nivel de comprensión de tu hijo.

Incluso si tu hijo es lo bastante mayor para comprender las reglas, lo normal es que intente sobrepasar los límites, solo para ver si puede salirse con la suya. Pero en muchas ocasiones, puedes evitar conflictos potenciales anticipándote al mal comportamiento y sacando a tu hijo de la escena, siendo consciente de los factores que provocan determinados comportamientos, no haciendo caso de travesuras de menor importancia y evitando decir «no» de forma repetitiva. Es fácil que algunos papás modernos caigan en costumbres que normalmente se asocian con la figura disciplinaria del padre tradicional.

Probablemente, por nuestra educación como hombres, tomaremos una línea disciplinaria más dura que nuestros padres. Esto se ve reforzado por el instinto natural de ayudar a nuestra pareja y a tomar el control de la situación, y al principio esto parece funcionar. Tu hijo no hace caso de las quejas de tu pareja, pero cuando tú le regañas con firmeza, le sorprendes e inmediatamente responde a tus deseos. No obstante, este impacto pronto desaparece y cada noche te verás gritando cada vez más fuerte para que se haga lo que tú dices. ¿Dónde puede terminar esto?

La disciplina en una familia es un trabajo de equipo, y un trabajo duro. No puedes esperar que se solucionen los problemas de comportamiento de tu hijo con un arreglo rápido cada tarde. Si es tu pareja la que cuida de él durante todo el día, ella será la que mayor influencia ejerza sobre su comportamiento. Pero no es culpa suya si se ha quedado sin recursos, porque, como tú ya sabes, cuidar de un niño pequeño es muy complicado.

La clave para solucionar el problema reside en acordar un planteamiento común que funcione para los dos, aunque os exija una gran autodisciplina, y no cabe duda que llevará más tiempo que la cura milagrosa que tú (al igual que el resto de los padres) estás buscando.

Intenta tratar el tema durante el fin de semana, cuando haya menos presión, y ve realizando cambios graduales durante el día y la noche para finalmente conseguir los efectos deseados. Tiene que ser un planteamiento conjunto, aplicando límites coherentes y estrategias acordadas, veinticuatro horas al día. Incluso entonces, tu hijo seguirá encontrando la forma de escabullirse, y al final del día siempre habrá tensiones, pero al menos estaréis en el camino

---

HABLEMOS SOBRE EL TEMA DE LA DISCIPLINA

¿Por qué siempre te sientes como el malo de la película? Llegas a casa del trabajo y la casa es un caos. Tu hijo corre como un loco y tu pareja está llorando a lágrima viva. Te quejas y le dices que ella tiene que imponer al niño más disciplina, y luego gritas a tu hijo cuando no consigues que se quede dormido. Y tu pareja te grita a ti por gritar al niño. Cuando llega el fin de semana, ella ya está harta de sus rabietas y deja todo el tema de la disciplina en tus manos. Pero entonces tú tienes la impresión de que el poco tiempo que estás con tu hijo lo pasas discutiendo con él. ¿Te suena esta situación? Lo primero que debes hacer es sentarte tranquilamente con tu pareja e intentar ver la situación desde una perspectiva más alejada. La única forma de enfrentarse al problema es el trabajo en equipo. Elaborad una estrategia sencilla con una fecha de comienzo. Ceñíos a ella y modificad el plan solo mediante mutuo acuerdo.

correcto. Y cuando te preguntes si merece la pena tanto esfuerzo, simplemente recuerda por qué lo estás haciendo: porque quieres que tu hijo te respete, no que te tenga miedo.

Frenar las rabietas

La mayoría de los niños de entre dieciocho meses y tres años de edad muestran ataques incontrolables de genio o rabietas, si bien algunos lo hacen con más frecuencia que otros. Los niños con una gran fuerza de voluntad y determinación, por ejemplo, sufren más rabietas que los que son más tranquilos y fáciles de conformar. Para algunos niños, una rabieta puede ser una breve explosión de genio que se pasa pronto, pero otros tienen rabietas más largas, en las que se tiran al suelo, patalean, chillan, tiran cosas o contienen la respiración.

Una rabieta de vez en cuando puede ser de hecho buena para el desarrollo emocional de tu hijo. Liberar su frustración encerrada le enseñará que sentir furia es algo normal, pero también que tiene que controlar su forma de expresarla. Las rabietas indican asimismo que tu hijo tiene energía y autoconfianza, lo que será positivo para él más adelante. Pero el exceso de rabietas puede ser agotador para la familia y desembocar en comportamientos antisociales del niño. Así que si tu hijo tiene frecuentes rabietas, intenta averiguar la razón y, en la medida de lo posible, evita esas situaciones de provocación (véanse las causas, más adelante).

Contener la respiración

No es nada raro que un niño pequeño contenga la respiración cuando está enfadado. El niño se pone cada vez más rojo y luego se queda azul o blanco. En ese momento comienza a respirar de nuevo, pero a veces el niño se pone rígido o laxo,

HABLEMOS SOBRE | LOS AZOTES

Si consigues evitar dar un azote a tu hijo durante el período desde los doce hasta los treinta y seis meses, lo estás haciendo bien. Seguro que a veces estás a punto, pero es un tema que tendrás que discutir con tu pareja antes de que tu hijo llegue a la edad en que este recurso sea una posibilidad. Tendréis que saber qué piensa cada uno de vosotros sobre este tema, y discutir la forma de evitar llegar al punto límite. Si acaba por suceder, sin ninguna duda te sentirás culpable; en tal caso, sería bueno que hablarais sobre lo sucedido, sin buscar culpables, para, con suerte, aprender del incidente. También es importante que si uno de vosotros da un azote al niño, se disculpe, le dé un abrazo y le diga cuánto le quiere.

o incluso podría llegar a desmayarse. Ver cómo tu hijo contiene la respiración es algo que asusta mucho, pero en realidad es muy improbable que se haga daño. Si se queda inconsciente después de contener la respiración, consulta al médico para descartar cualquier otro problema de salud. Por otra parte, a pesar de lo difícil que pueda ser, no hagas caso cuando tu hijo contenga la respiración. En el improbable caso de que llegue a desmayarse, obsérvale atentamente, pero retírate en cuanto veas que vuelve en sí.

Golpearse la cabeza

Entre el año y los dos años, si un niño no consigue salirse con la suya o le da un ataque de genio, es posible que se golpee la cabeza contra la pared o contra el suelo. Aunque te preocupará que tu hijo se haga daño, en realidad es muy raro que esto suceda. Si tu hijo está sano, por lo demás, que se golpee la cabeza no es motivo de preocupación y lo mejor es no hacerle caso. Algunos niños también se golpean la cabeza antes de dormir o cuando están cansados o aburridos.

Causas de las rabietas y ataques de genio

- *Llamar la atención* A los niños pequeños les encanta ser el centro de atención, y una rabieta puede ser la forma de conseguirlo.

- *Frustración* Puede ser la consecuencia de no haber permitido a tu hijo que hiciera algo que quería, o de no haber conseguido hacerlo por falta de capacidades, o de haberse visto obligado a hacer algo que no quería porque se lo has mandado. Sé más permisivo y no discutas con él por cuestiones de poca importancia, como negarte a que lleve un calcetín de cada tipo o no dejarle elegir la camiseta que quiera ponerse.
- *Imitación* Es posible que copie a otro niño o adulto que tenga una rabieta.
- *Chantaje* Quizá utilice la rabieta como una forma de salirse con la suya.
- *Cansancio* Las rabietas son más comunes cuando un niño está cansado o sobreexcitado.
- *Hambre* Los niños necesitan comer con regularidad, y si se distancian mucho las horas de las comidas, es posible que tengan hambre. Asegúrate de que tu hijo toma algunos tentempiés nutritivos entre comidas.
- *Falta de coherencia* Permitirle hacer algunas cosas pero no otras, sin unas directrices claras, o cuando uno de los padres dice «sí» y el otro dice «no, es frustrante y confuso para tu hijo pequeño.
- *Expectativas poco realistas* No esperes demasiado de tu hijo pequeño; reserva un tiempo para el descanso durante el día. Si la jornada se llena de demasiadas actividades, o si esperas que vaya contigo de compras después de un día de mucha actividad en la guardería, es probable que se desencadene una tempestad.

Cómo ocuparse de las rabietas

En la medida de lo posible, identifica las situaciones que provocan las rabietas de tu hijo e intenta evitarlas. Pero si coge una rabieta, procura mostrarte tranquilo.

Conforme crece podrá hablar más sobre sus sentimientos de enfado, y sobre las formas de sobrellevarlos. Mientras tanto, prueba lo siguiente:

- *Distracción* Señala algo interesante que se vea desde la ventana o sugiere salir de paseo al parque.
- *No hacerle caso* Si tu hijo no cuenta con público, no podrá actuar. Déjalo en otra habitación hasta que se le pase la rabieta o, si es seguro, sal tú de la habitación. Si estás en la calle, decide si te vas a quedar en el mismo sitio hasta que se pase la rabieta, sin hacer ningún caso de los comentarios o miradas desaprobatorias, o si prefieres llevarte al niño formando el menor jaleo posible.

HABLEMOS SOBRE LIBERAR EL ESTRÉS

Tu pareja está cada vez más estresada con el comportamiento difícil de tu hijo pequeño, con sus rabietas regulares y sus lloriqueos constantes entre una y otra. Este es, de hecho, el comportamiento normal de tu hijo en su lucha por adaptarse al mundo y contra sus propias limitaciones. Pero eso no hace que sea más fácil de llevar. La acumulación de estrés durante el día significa que es más probable que tu pareja reaccione de mala manera y que, a su vez, el niño se ponga más llorón y exigente. Es un círculo vicioso, pero puedes ayudar a tu pareja a disminuir sus efectos. Para comenzar, anímale a tomarse un respiro de la casa y a salir una noche o un fin de semana con una amiga. Con suerte, cuando regrese se sentirá renovada y más capaz de ver la situación desde una perspectiva más objetiva. Ayúdale a identificar los períodos más problemáticos del día, cuando de verdad necesita tomarse un «tiempo muerto». Cualquier cosa que ella pueda hacer para romper con la acumulación de estrés le ayudará a evitar que los sentimientos le superen al final del día.

Si tu hijo está dando patadas y chillando, retira de su alcance los objetos potencialmente peligrosos, para que no pueda hacerse daño.

- *«Juguete enfadado»* Ofrece a tu hijo una vía de escape alternativa para su enfado y frustración. Los tambores de juguete y otros instrumentos musicales pueden ayudarle a canalizar sus sentimientos de forma constructiva, así como las actividades físicas como montar en triciclo. También puedes animarle a expresarse mediante colores, dibujos o pinturas.

- *Únete a él* Si tu hijo está chillando, haz lo mismo durante un rato, luego, poco a poco, ve bajando la voz; probablemente tu hijo te copiará y terminaréis hablando los dos en susurros. Así demostrarás a tu hijo que es más aceptable expresar su enfado con palabras, y no con violencia física.

- *Haz las paces* Una vez ha pasado la rabieta, di a tu hijo que es natural sentir enfado y que tú también te sientes enfadado algunas veces. Asegúrate de que él sepa que le quieres todavía y que lo que no te ha gustado es su comportamiento. Acuérdate de felicitarle una vez que haya recuperado el control.

Ayudar a tu hijo a llevarse bien con otros

Las habilidades sociales y el comportamiento serán muy importantes cuando tu hijo finalmente emerja como un individuo independiente.

Aprender a hacer amigos y a llevarse bien con otras personas es una parte fundamental de la maduración. Un niño amigable y apreciado tiene más seguridad en sí mismo, y cuenta con más oportunidades de jugar y divertirse.

No todos los niños son seguros y extrovertidos de forma natural, no obstante, y como en muchas otras cosas, la capacidad de hacer amigos y de socializar tiene que aprenderse. Los niños pequeños son egocéntricos, es decir, son el centro de su propio mundo. Tu hijo no será capaz de comprender el concepto de compartir o los sentimientos de los otros, y jugar con otros niños muchas veces acabará en llantos por un juguete codiciado.

Conforme su conocimiento de sí mismo vaya desarrollándose, tu hijo comenzará a demostrar que es consciente de que lo que él siente también lo sienten los demás; esto se conoce como empatía. Incluso es posible que responda a una situación de malestar de otra persona, sintiéndose mal él mismo. La empatía puede hacer que un niño se vuelva más generoso y menos egoísta en el juego con los otros.

Aunque es posible que desde el nacimiento se muestren ya algunos aspectos de la personalidad de tu hijo (si llora mucho o, por el contrario, es un bebé tranquilo), entre los dos y los tres años, su verdadera personalidad se hará bien patente.

Al mismo tiempo que aprenda las diferentes destrezas motoras y manipulativas, también irá haciéndose consciente de su capacidad para ejercer una influencia sobre las acciones propias y las de otras personas.

Cuando fracase en sus intentos, también sentirá vergüenza y desilusión. Para convertirse en un individuo equilibrado debe aprender a llevar de forma aceptable tanto sus éxitos como sus fracasos.

Puedes ayudar a tu hijo a integrar mejor los diferentes aspectos de la personalidad —actividad, sociabilidad y emotividad— mostrándole la forma de enfrentarte a los problemas con éxito, distrayéndole cuando se sienta frustrado y permitiéndole que construya una imagen positiva de sí mismo mediante halagos y sin ridiculizar sus temores.

Potenciar las destrezas sociales

- Asegúrate de que tu hijo haga amistad con otros niños, acudiendo a lugares donde pueda encontrarse con ellos.
- Alienta su comportamiento cariñoso hacia otras personas, animales y muñecos.
- Utiliza el transporte público en tus salidas y visita supermercados y cafeterías donde aprenda a hacer cola y a esperar su turno.
- Si se produce una discusión con otro niño por un juguete, intenta no intervenir inmediatamente, pero explícale el concepto de compartir y hacer turnos.
- Tan pronto como tu hijo sea lo suficientemente mayor para comprender, halaga sus intentos de compartir con sus amigos, por ejemplo. Al principio

posiblemente solo comparta para complacerte, en lugar de hacerlo por un sentido de la justicia. Sugiere que cada niño juegue con uno de los juguetes favoritos por turnos. Puedes poner un reloj despertador para que suene cada cinco minutos o algo así.

- Enséñale a decir «por favor» y «gracias» en el momento adecuado.

Bien y mal

Para cuando tu hijo cumpla los tres años, tendrás que asegurarte de que sea consciente de la diferencia entre «buenas» y «malas» acciones. Intenta explicarle de forma sencilla por qué tú quieres que haga unas cosas y otras no.

En lugar de concentrarte en los aspectos negativos de su personalidad, la mejor táctica consiste en utilizar los refuerzos positivos tanto como sea posible. Alábale cuando sea cuidadoso en determinadas situaciones o con los sentimientos de otras personas.

Muchos niños pequeños mezclan la realidad con la ficción o te cuentan cosas que no son estrictamente ciertas. No es que mientan, sino que es una parte natural del comportamiento a esa edad. De hecho, algunos psicólogos opinan que los niños solo son capaces de mentir a partir de los cuatro años de edad.

Algunos niños utilizan demasiado la palabra «no», incluso cuando quieren decir «sí», pero esta es una forma de reafirmar su autoridad.

Problemas de sociabilidad

Algunos niños tienen problemas para concentrar su atención en alguna actividad durante un tiempo, también cuando juegan con otros niños. Otros pasan por una fase de rabietas, agresividad, inseguridad extrema o rápidos y frecuentes cambios de humor. Esta suele ser una etapa natural de su desarrollo y no hay necesidad de preocuparse. No obstante, si el «mal» comportamiento de tu hijo se prolonga o tienes problemas para manejar la situación, consulta a un profesional.

Guía de salud del bebé

Velar por la salud de tu bebé

Las mujeres suelen acudir a la consulta del médico el doble que los hombres. Es la vieja historia de que los hombres no tienen la necesidad de tratar sus temas de salud, mental o física, con ninguna otra persona. Así que puede resultarte traumático tener que llevar a tu hijo a la consulta del doctor. Probablemente no estés familiarizado con los procedimientos y funcionamientos de la sala de espera o de la consulta, y es posible que te sientas incómodo al tener que interpretar los síntomas de tu bebé para el médico.

Ahora que los papás asumen y desempeñan un papel más activo en el cuidado de sus hijos, y en vista de que las investigaciones demuestran la importancia de su participación para la salud y desarrollo del niño, incluso los médicos están admitiendo que los papás necesitan más ayuda del doctor. La Academia Americana de Pediatras ha publicado recientemente una guía para sus miembros en la que se les aconseja que modifiquen sus prácticas y su método clínico para implicar más a los papás y acomodarse mejor a estos.

Una buena forma de conocer la rutina de tu médico local consiste en acompañar a tu pareja cuando tu bebé tenga que acudir a vacunarse. Es vital para la salud de tu hijo que lleve las vacunas al día, pero las inyecciones pueden ser una experiencia traumática tanto para el bebé como para los padres, así que apoya a tu pareja, al menos en la primera visita.

Durante los primeros años, puede parecer que tu hijo está siempre enfermo, ya que tendrá que pasar por la inevitable fase de contraer casi todos los males del lugar conforme va desarrollando su sistema inmunitario. Esto puede resultar agotador para toda la familia, sobre todo cuando la infección alcanza a todos sus miembros. Y es importante ser consciente de la presión extra que sufrirá tu pareja cuando tenga que atender las exigencias de un niño enfermo. Puede ser incluso más difícil para ella si está dándole el pecho, ya que puede que esté literalmente sin energía por los continuos intentos de tu bebé de reconfortarse cogiendo el pecho de la madre. Aunque los niños que toman el pecho contraen menos infecciones que los que se alimentan con biberones, no te parecerá así en esos momentos.

Por lo tanto, aunque sea tu bebé quien esté enfermo, puede ser muy estresante para las mamás y los papás, y cualquier trastorno de la salud será mucho más difícil

---

HABLEMOS SOBRE LOS DÍAS DE ENFERMEDAD

Cuando tanto tu pareja como tu bebé están enfermos al mismo tiempo, y ella se esfuerza en seguir cuidando del niño, es cuando de verdad necesita sentir que cuenta con tu apoyo. Pero ¿qué pasa si tú estás bajo presión en el trabajo y te sientes dividido entre las prioridades económicas y las emocionales? Tu lealtad principal deberá ser hacia la familia, pero tienes que ser totalmente sincero con tu pareja. Averigua qué es lo que ella considera como viable, o qué favores podríais pedir a los amigos —ten por seguro que ellos también necesitarán tu ayuda algún día. Cuanto más tiempo esté tu pareja luchando con la situación, más tiempo durará la enfermedad. Un solo día de descanso puede suponer que al día siguiente sea capaz de ocuparse de todo mucho mejor. Todo el mundo se pone enfermo alguna vez, y coger una baja por enfermedad por tu familia no debería suponer una gran diferencia respecto a solicitarla porque tú mismo estés enfermo. Siempre y cuando tu credibilidad en el trabajo no se vea afectada, no existe ninguna razón para que te sientas culpable.

Estos consejos han de servirte para que saques el máximo partido a tus visitas a la consulta del médico con tu hijo enfermo, para reducir tu ansiedad y para facilitar a tu pediatra el establecimiento de un diagnóstico correcto.

1   Escribe una lista con los síntomas que presenta tu hijo y cuándo se producen.
2   Anota todos los medicamentos que hayas dado al niño el momento y la dosis.
3   Viste a tu hijo con ropa suelta y fácil de quitar, para que el doctor pueda examinarlo rápida y fácilmente. Mantén a tu hijo abrigado con una manta o un abrigo, si fuera necesario.
4   Si no has acudido a la consulta últimamente, pregunta a tu pareja lo que hay que hacer al llegar.
5   Lleva bebida para el niño y lo necesario para cambiarle los pañales.

de sobrellevar. Los investigadores han demostrado que cuando un niño tiene fiebre, los padres suelen realizar lecturas erróneas de la temperatura y, en consecuencia, dan al niño el tipo equivocado de medicamento o de dosis. La clave para hacer las cosas bien reside en contar con los elementos y medicamentos apropiados, y anotar en un cuaderno lo que vas haciendo y los síntomas que presenta tu hijo en cada momento. Esto te ayudará a mantener el control de la situación, y supondrá un registro que permita al médico establecer un diagnóstico, si fuera necesario. También existen sencillas directrices que pueden ayudarte a restar dramatismo a la situación (véase el recuadro).

Cuándo acudir al médico

Los bebés pequeños pueden ponerse enfermos rápidamente, por lo que es importante conocer los síntomas que podrían advertir de dicha enfermedad. Si tu bebé presenta alguno de los síntomas siguientes, o no parece encontrarse bien, será necesario escuchar el consejo de un médico.

- Palidez o color azulado alrededor de la boca y en el rostro.
- Fiebre de 38 °C o más.
- Está rígido o laxo.
- Los ojos están rosados, enrojecidos, con secreciones blancas y pegajosas o se le pegan las pestañas.
- Manchas blancas en la boca.
- Enrojecimiento o flacidez de la zona umbilical.
- Nariz taponada por mocos, que le dificultan la respiración mientras come.
- Diarrea, es decir, más de seis u ocho deposiciones sueltas al día.
- Vómitos abundantes.
- Vómitos durante seis horas o más, o acompañados de fiebre y/o diarrea.
- Se niega a comer.
- Llanto durante períodos de tiempo inusualmente largos.
- Heces manchadas de sangre.

Cuando tu bebé está enfermo

Hay algunas destrezas que tendrás que dominar para consolar a tu bebé enfermo y asegurarte de que se toma los medicamentos correctamente. Los niños pequeños pueden oponer mucha resistencia a aceptar lo que les conviene y, a veces, es posible que se necesite la intervención de ambos padres para conseguir que se tomen una medicina. ¡No confíes en hacerlo bien la primera vez y ten siempre un paño o un pañuelo cerca para limpiar las salpicaduras!

Tomarle la temperatura La temperatura de un bebé pequeño se toma en la axila. Si utilizas un termómetro digital, limpia el sudor de la axila del bebé, coloca luego el extremo del termómetro en la axila y sujeta el brazo del bebé contra su costado para que el termómetro se mantenga en su sitio. Déjalo durante tres o cuatro minutos, hasta que emita una señal acústica. Ponte en contacto con tu médico si la temperatura es de 38 °C o más, e indícale siempre que la temperatura la has tomado en la axila, ya que la lectura será algo inferior.

Cuando el niño es un poco más mayor, merece la pena invertir en un termómetro de oreja, ya que realiza una lectura instantánea y la almacena en su memoria. Los termómetros de tiras de plástico que se sujetan contra la frente del bebé parecen más fáciles de usar, pero suelen ser poco fiables y son difíciles de leer.

Administrar una medicina por vía oral usando una jeringuilla Si tu bebé se niega a abrir la boca, o si es difícil que se esté quieto, la jeringuilla puede ser una fantástica alternativa al método tradicional de la cuchara. Acúnalo en tus brazos y apunta con el extremo de la jeringuilla entre la parte trasera de su encía y la cara interna de la mejilla, evitando así las papilas gustativas. Empuja el medicamento lentamente para evitar que el bebé se atragante, y no le roces con la jeringuilla la parte trasera de la lengua para evitar producirle arcadas.

Administrar medicamentos con una jeringuilla tipo chupete La forma de tetina de la punta de este tipo de jeringuillas permite que tu bebé succione mientras empujas el medicamento. Sostén al pequeño en tus rodillas, sujetando su cabeza en el hueco de tu brazo flexionado. Coloca el extremo de la jeringuilla en su boca, igual que lo harías con un biberón, y presiona el émbolo lentamente.

Administrar gotas en los ojos Esta es una operación complicada y lo recomendable es envolver a tu bebé para evitar que se gire y retuerza. Acuéstalo sobre su espalda e inclina su cabeza hacia uno de los lados, con el ojo afectado más cerca de tu pierna. Ten cuidado de no tocar el ojo con el cuentagotas, tira hacia abajo de su párpado inferior y deja caer las gotas dentro. Posiblemente necesitarás ayuda para sujetar la cabeza al bebé.

Administrar gotas en los oídos Acuesta a tu bebé sobre su costado con la oreja afectada hacia arriba. El medicamento ha de dejarse caer en el canal del oído, así que endereza el canal tirando suavemente hacia atrás del lóbulo de la oreja de tu hijo. Acerca el cuentagotas a la oreja a fin de acertar y sujeta al bebé para que no se mueva mientras que la gota se va introduciendo. Utiliza algodón para limpiar las gotas que puedan salir de la oreja.

Enfriar a tu bebé con una esponja Si bajas la fiebre al bebé, se sentirá mejor y menos irritable. Envuélvelo en una toalla y siéntalo en tus rodillas. Usa una esponja empapada en agua previamente hervida y enfriada hasta una temperatura tibia. Frótale suavemente con la esponja.

Qué hacer ante afecciones comunes

Resfriados

Los resfriados son causados por diferentes virus, y es probable que tu hijo sufra unos ocho resfriados al año hasta que cumpla doce, tras lo cual, su sistema inmunitario se habrá fortalecido. Un resfriado puede provocar toses, pero si tu hijo come y respira de forma normal, y no tiene problemas de jadeos, normalmente no habrá motivo para preocuparse.

Aplica vaselina alrededor de la nariz de tu hijo para que no se le irrite. Mantén a tu hijo fresco y dale bebida abundante. Evita abusar de los jarabes para la tos; una bebida caliente con limón y miel puede ser igual de efectiva.

Consulta a tu médico si tu hijo presenta problemas respiratorios o jadeos, si tiene fiebre alta, sufre dolores al toser o si la tos le dura mucho tiempo.

Crup

Se trata de una infección respiratoria de la laringe. Está causada por un virus o una bacteria. Es común en los niños de hasta cuatro años. Se caracteriza por una áspera tos perruna, nariz mocosa, ronquidos, respiración ruidosa y fiebre. La mayoría de los casos de crup son benignos y no tardan en curar, aunque puedan parecer muy alarmantes.

Si tu hijo sufre crup, tranquilízale y siéntale derecho. Dale bebidas templadas abundantes y la dosis de paracetamol recomendada para los episodios de fiebre. Si el ambiente se mantiene humedecido, respirará mejor. Puede aliviarse poniendo a hervir una cacerola con agua, dejando correr los grifos de agua caliente en el baño, usando un humidificador o colocando toallas húmedas sobre los radiadores. Si utilizas vapor, ten cuidado con las quemaduras.

No obstante, llama a tu médico de inmediato o lleva a tu hijo al hospital si se siente angustiado o tiene problemas para respirar o tragar, si se pone azul o si nota una compresión de las costillas o por debajo de estas al respirar.

Fiebre

Si la piel de tu bebé está caliente al tacto, no quiere comer, está aletargado o muestra signos de una posible infección, como un resfriado, comprueba si tiene fiebre. Si tiene menos de tres meses, la mayoría de los médicos consideraría una temperatura de más de 38 °C como fiebre.

Existen varias razones por las que un bebé puede tener fiebre después del nacimiento. Por ejemplo, su madre podría sufrir una infección que ha contagiado al bebé. Aunque es menos probable, la subida de temperatura podría estar asociada al entorno del bebé: si la sala de parto o el nido del hospital están demasiado calientes, la temperatura del bebé podría subir.

Independientemente de la causa, nunca se debe pasar por alto la temperatura elevada de un bebé, ya que podría ser la señal de un problema más grave. Una subida de temperatura de un recién nacido suele indicar algún tipo de infección. Puede haberse infectado con bacterias durante el parto o haberse infectado de un virus del resfriado contagiado por alguna visita. En cualquiera de estos dos casos, siempre que el bebé tenga fiebre deberá verle un profesional de la medicina, y posiblemente necesitará tratamiento.

Es especialmente importante que cuando tu hijo tenga fiebre anotes su temperatura cada vez que se la tomes, así podrás hacer un seguimiento de su progreso. Recuerda también que existen numerosos métodos para bajar la temperatura del bebé antes de recurrir a la medicina. Observa su entorno y pregúntate lo siguiente: «Lleva mucha ropa puesta; ¿podría quitarle alguna prenda? Hace demasiado calor en la habitación; ¿podría bajar la temperatura un poco? Está acostado sobre una manta gruesa; ¿podría retirársela? ¿Estoy sosteniéndole tan cerca de mi cuerpo que le estoy dando calor y subiendo su temperatura? ¿Debería acostarle? ¿Cuándo fue la última vez que tomó una bebida fresca? ¿Debería darle un poco de agua?». Estas medidas deberían servir de ayuda mientras su organismo lucha contra la infección.

Convulsiones febriles

La temperatura normal del cuerpo es de 37 °C. Si la temperatura de tu hijo es superior a 38,5 °C, podría tener convulsiones febriles. Tu hijo se pone rígido de repente, tiene la mirada fija y no pestañea, o sus miembros comienzan a tener contracciones o a dar tirones repentinos. Es posible que se ponga azul y que pierda la conciencia durante unos minutos. Aunque resultan muy impresionantes, las convulsiones febriles son bastante comunes, especialmente en los niños de entre seis meses y tres años de edad, y se deben al mecanismo para bajar la temperatura del niño y a un cerebro demasiado inmaduro para controlarla.

Para evitar que una fiebre se vuelva convulsiva, quítale a tu hijo la ropa y mójale con una esponja por todo el cuerpo con agua tibia. La evaporación del agua ayudará a bajarle la temperatura. No utilices agua fría, ya que esta hace que se contraigan los vasos sanguíneos y la pérdida de calor será menor.

Sécale con toquecitos y tápale ligeramente con una sábana de algodón. Sigue comprobando su temperatura y ve añadiendo más ropa gradualmente. Si su temperatura comienza a subir de nuevo, repite el lavado con esponja o abanícale. Ofrécele abundante bebida fresca. Da a tu hijo paracetamol (dosis de 12,5 miligramos por cada kilogramo de peso del niño) e ibuprofeno (dosis de 5 miligramos por cada kilogramo de peso del niño), según las instrucciones del envase. Esto es más efectivo para bajar la temperatura que la administración de solamente uno de los medicamentos. Nunca des aspirina a un niño de menos de 12 años, a no ser que te lo indique un médico.

Si tu hijo presenta convulsiones, no te asustes. Retira cualquier objeto con el que pueda lastimarse y acuéstale sobre su tripita o sobre el costado, con su cabeza girada hacia un lado y ligeramente inclinada hacia atrás, de forma que le dé bien el aire. Retira cualquier objeto de la boca del niño. Permanece junto a tu hijo. La mayor parte de los ataques duran alrededor de tres minutos. Calma a tu hijo y llama al médico o a una ambulancia.

Meningitis

Se trata de una inflamación de la membrana que recubre el cerebro y la espina dorsal. Suele estar causado por una infección vírica o bacteriana. La meningitis vírica puede ser causada por diferentes virus, y suele ser benigna, sin efectos secundarios a largo plazo. Sin embargo, en ocasiones puede ser grave y causar problemas importantes.

En el caso de un recién nacido, la meningitis bacteriana está causada normalmente por estreptococos del grupo B. En los bebés de más de tres meses, las tres formas más comunes de meningitis son: haemophilus influenzae tipo B (Hib); meningococcus grupos A, B y C. El grupo B es el más frecuente, pero el grupo C es el más grave y exige hospitalización inmediata, ya que puede ser letal si no se trata pronto.

SÍNTOMAS DE LA MENINGITIS

- Llanto agudo
- Somnolencia o aletargamiento
- Fontanela protuberante en la parte superior de la cabeza del bebé
- Vómitos
- Rechazo de la comida
- Piel pálida y miembros fríos
- Sensibilidad a la luz
- Fiebre y mirada fija sin expresión
- Rigidez del cuello
- Dificultad para respirar
- Convulsiones con el cuerpo rígido y sacudidas
- Puntos entre rojizos y morados que no desaparecen al presionar con un vaso

Si sospechas que tu hijo tiene meningitis, llama al médico sin demora o llévalo al hospital para que se le haga una evaluación urgente. La meningitis puede ser difícil de diagnosticar, por lo que es posible que tu médico realice una punción lumbar para confirmar el diagnóstico. Si se sospecha que la infección es de meningitis bacteriana, se le administrarán antibióticos. Después de cuatro semanas puede realizársele una prueba de capacidad auditiva, ya que uno de los efectos secundarios de la meningitis bacteriana es la sordera. Si la infección es vírica, tu hijo debería recuperarse en pocos días.

PRIMEROS AUXILIOS EN CASO DE ATRAGANTAMIENTO

Los bebés de menos de un año suelen atragantarse con objetos extraños, que pueden alojarse en la parte de atrás de su garganta y causarle espasmos musculares. Si tu bebé está atragantado pero todavía puede llorar y toser, déjale que siga tosiendo. Obsérvale pero no le golpees en la espalda ni le des agua.

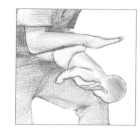

Si no puede llorar, toser ni respirar, o si produce sonidos agudos, primero retira cualquier obstrucción evidente pero no le metas los dedos en la boca. Acuéstalo a lo largo de tu antebrazo sobre su barriguita; reposa tu antebrazo sobre tu muslo con la cabeza de tu bebé sobresaliendo de tu rodilla flexionada. Con el talón de tu mano golpea a tu hijo entre los omóplatos cinco veces.

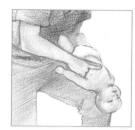

Si el bebé sigue atragantado, dale la vuelta con cuidado y coloca dos o tres dedos en el centro de su esternón. Empuja su pecho cinco veces. Cada empuje deberá ser de entre uno y dos centímetros de profundidad. Comprueba la boca de tu hijo tras cada serie de cinco empujones. Si no se elimina la obstrucción después de tres ciclos de golpes en la espalda y empujones en el pecho, marca el 112 y pide una ambulancia. Sigue repitiendo las operaciones que hemos explicado hasta que llegue la ayuda.

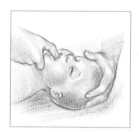

Si tu bebé pierde la conciencia pero todavía respira, colócalo sobre su espalda e, inclinando su cabeza hacia atrás ligeramente y utilizando un único dedo, palpa con cuidado y extrae cualquier objeto que esté en su boca. Si tu hijo sigue inconsciente y deja de respirar, solicita ayuda y comienza a aplicarle **RCP** (reanimación cardiopulmonar) (véase la página 126). Si todavía tiene pulso pero no respira, aplícale técnicas de respiración boca a boca. Para ello, inclina suavemente su cabeza hacia atrás con una mano y eleva su barbilla con la otra para abrir el canal del aire. Coloca tus labios herméticamente sobre los suyos y sobre su nariz e introdúcele una pequeña cantidad de aire cada tres segundos, hasta que empiece a respirar por sí solo.

Dolor de oídos

El dolor de oídos puede estar provocado por una infección del oído medio, por otra infección como sarampión o paperas, o por un dolor de muelas. Entre sus síntomas se encuentran la fiebre, el dolor agudo, el malestar general y los vómitos. Si el tímpano se rompe, podrá apreciarse pus amarillo o verdoso o sangre en la oreja o en la almohada.

Si tu hijo tiene dolor de oídos pero por lo demás se encuentra bien, dale paracetamol durante 12-24 horas. No le eches gotas ni aceites en el oído. Puedes colocar una bolsa de agua caliente o un paño caliente bajo el oído del niño para aliviar el dolor. Si tiene aspecto de sufrir una infección, consulta al médico. Este podría prescribile antibióticos o recomendarle paracetamol y gotas descongestivas.

Diarrea

Está causada normalmente por infección de rotavirus, y se caracteriza por deposiciones frecuentes, sueltas, líquidas y malolientes, que pueden contener mucosidad y ser marrones, amarillas o verdosas. Los niños pequeños sufren un mal conocido como diarrea infantil, caracterizada por deposiciones muy sueltas, que pueden contener alimentos sin

(RCP) REANIMACIÓN CARDIOPULMONAR EN BEBÉS DE MENOS DE UN AÑO

1   Acuesta a tu bebé sobre una superficie plana, como el suelo o una mesa; inclina suavemente
    su cabeza hacia atrás con una mano y eleva su barbilla con la otra para abrir el canal del aire.
    Es importante que no inclines demasiado su cabeza hacia atrás, ya que esto podría deformar
    su canal del aire. Coloca tu oído sobre su boca y su nariz; observa, escucha y siente la respiración.

2   Si tu bebé no está respirando, introdúcele cinco insuflaciones de aire, pero antes asegúrate
    de que el canal del aire esté abierto. Coloca tus labios herméticamente alrededor de su boca
    y nariz. Sopla suavemente dentro de sus pulmones y, a la vez, mira hacia su pecho. Llena tus carrillos
    de aire y utiliza esa cantidad de aire en cada ocasión. Cuando el pecho se eleve, deja de soplar
    y déjalo descender. Repite esta operación cinco veces.

3   Entonces realiza 30 compresiones torácicas. Coloca al bebé sobre una superficie firme si no
    lo estaba ya. Encuentra el centro del pecho y utilizando dos dedos, realiza compresiones rápidas de
    aproximadamente un tercio de la profundidad del pecho. Presiona 30 veces a razón de 100 por minuto.

4   Después de 30 compresiones, introdúcele dos insuflaciones de aire. Continúa con la reanimación
    (30 compresiones más dos insuflaciones de aire) sin parar, hasta que llegue la ayuda.

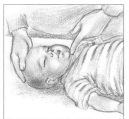  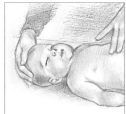 

digerir; no tiene ninguna razón aparente.

Si la diarrea es muy líquida o contiene sangre, si continúa durante más de 48 horas, el niño también vomita o tiene síntomas de deshidratación (piel o boca seca, ojos deprimidos, no hace pipí en seis u ocho horas o se encuentra abatido), ponte en contacto con el médico de inmediato.

Para tratarla, da a tu hijo líquidos abundantes o suero por vía oral. Déjale que siga comiendo si le apetece, pero evita que tome demasiada leche o fruta.

Varicela

Es una corriente infección viral benigna que la mayoría de los niños contrae antes de cumplir los diez años. El virus se extiende fácilmente por el aire. En algunos casos excepcionales puede producir encefalitis.

Los granos aparecen principalmente entre los tres o cuatro días. Estos se convierten en ampollas y forman costras. Tu hijo tendrá un poco de fiebre suave y se encontrará indispuesto. Puede sufrir dolor de cabeza.

Para aliviar el picor al niño, aplícale loción de calamina, o dale

un baño tibio con una taza de bicarbonato sódico o harina de avena. No permitas a tu hijo que se rasque, ya que le quedarían cicatrices. Para la fiebre, dale paracetamol y bebida abundante. No le des nunca aspirinas, ya que pueden causar complicaciones. Ponte en contacto con su médico, quien probablemente le prescribirá alguna crema antiséptica.

Eritema infeccioso

Se trata de una infección vírica común pero benigna que suele producirse en primavera. Su síntoma principal es una marca como la de una cachetada en la mejilla, que dura uno o dos días. Durante los dos o tres días siguientes, aparece un sarpullido irregular por el cuerpo. Puede aparecer y desaparecer a lo largo de dos semanas. Es posible que se acompañe de fiebre y mocos.

Mantén a tu hijo fresco y dale abundantes líquidos para beber. No es contagioso y desaparece tarde o temprano sin tratamiento.

Rubeola

Es una enfermedad vírica que suele ser benigna en los niños pero podría resultar grave en los adultos, por lo tanto, lo mejor es sufrirla de niño. Es posible prevenir la rubeola mediante vacunas.

Puede comenzar como un resfriado, pero aparecerá una erupción en la cara que se extenderá al resto del cuerpo, suele durar solo unos días. Tu hijo se sentirá normalmente bien, pero es posible que tenga un poco de fiebre y una inflamación de los nódulos linfáticos de la parte trasera del cuello en la parte baja del cráneo. Dale bebida abundante. Mantén al niño alejado de las mujeres embarazadas, pues si una mujer embarazada contrae rubeola durante los cuatro primeros meses del embarazo, existen riesgos graves de dañar al bebé.

Tos ferina

Esta es una enfermedad muy inquietante y que puede ser peligrosa para los niños pequeños, pero es posible prevenirla mediante vacunas. Entre sus complicaciones

se encuentran la neumonía, las convulsiones, las infecciones de oído, los daños cerebrales e incluso el fallecimiento. Mantén a tu hijo con tos ferina alejado de otros bebés que no estén vacunados.

La tos ferina comienza con un resfriado y toses, pero la tos va empeorando y cambiando hasta que se dan varios ataques de tos sucesivos. La tos suele, aunque no siempre es así, terminar con un sonido de silbido durante la inspiración. Puede durar varias semanas.

Llama a tu médico. Serán necesarios los antibióticos, y, en los casos graves, el ingreso en el hospital. Mantén a tu hijo fresco. Dale bebidas y ofrécele comida inmediatamente después de un ataque de tos.

Impétigo

Esta infección bacteriana de la piel es común en los niños y suele aparecer alrededor de la nariz y la boca. Se contagia rápidamente, en especial cuando el tiempo es cálido. Entre sus complicaciones se encuentra la inflamación de los nódulos linfáticos, la septicemia y la inflamación de los riñones.

Los granos forman ampollas llenas de un fluido amarillo y pegajoso que emana de la piel y forma costras de color miel sobre esta al secarse.

Consulta a tu médico de inmediato, ya que el impétigo se contagia rápidamente si no se trata. Será necesario el uso de antibióticos tópicos, cubiertos con vendas y a veces antibióticos orales.

Lava las zonas de costras con agua templada; sécalas con toquecitos con toallitas de papel. Mantén la manopla, toalla y ropa de cama de tu hijo separada de la del resto de la familia.

Eczema

También conocido como dermatitis atópica, es la forma más común de eczema en los bebés de menos de doce meses. El eczema es una reacción alérgica relacionada con el asma y la fiebre del heno. Puede ser hereditario, pero también se da en casos aislados. Normalmente aparece en la cara y en el cuero cabelludo o detrás de las orejas. Es posible que tu bebé solo presente algunas zonas de piel seca; pero si el eczema es grave, la piel se pondrá irritada e inflamada y tu bebé estará lloroso. Su picor es insoportable, por lo que tu hijo se rascará todo el tiempo, exponiendo su piel a la infección.

Aunque no se puede curar, sí puede tratarse, y la mayoría de los niños superan la dermatitis atópica. Es importante seguir un régimen estricto para el cuidado de la piel bajo supervisión médica. Los emolientes evitan que la piel de tu bebé se ponga demasiado seca y aparezcan picores. Las cremas con esteroides reducen la inflamación, pero no se aconsejan a menos que el bebé no responda a los emolientes. En casos graves, es posible que el médico prescriba al niño antibióticos.

Índice

acostar al bebé, 31, 32
acostarse
    compartir la cama con el bebé, 68
    elegir una cama para el bebé, 66
actividades y juego, 87, 88-89
alabar, 113
alcohol y salud, 17, 18
alergias alimentarias, 86
alergias e intolerancias, alimentación, 86
alimentación, 44, 51, 52
    alimentos sólidos, 50
    ayuda a tu bebé a comer solo,
      52-53
    biberones, 45-50
    de viaje, 72
    lactancia materna, 44, 46
    tomas nocturnas, 66-67
    tu hijo de entre 12 y 36 meses,
      85-86
arneses y mochilas para bebé, 70-71

bebé, y si viene otro, 104-106
biberones, 45-50
bien y mal, enseñar a tu hijo, 118

cachetes, 113
cambio de pañales, 38-39
coger al bebé, 30-31
cólicos, 61
comer sano, 16-17
comida, 8
comida basura, 86
comunicarte
    con tu bebé, 24-25
    con tu pareja, 19, 27
contacto físico, 25
contener la respiración, 115
cordón umbilical, 7
cuidado de los dientes, 37, 86
cuidados, compartir los, 25, 27-28

depresión
    posnatal masculina, 14, 15
    posparto 20
desarrollo
    mental, 79, 80
    mes a mes, 10-11
    motor, 79, 80
destrezas
    sociales, potenciar las, 117, 118
economía familiar, 16, 17, 22
entretener a tu bebé, 54-55

fontanelas, 6
fumar y salud, 17, 18

gotas
    para los oídos, 122
    para los ojos, 122

habilidades
    lingüísticas, fomentar las,
      79-80
    manipulativas, 80, 81

inodoro, enseñarle a usar el, 94-96

jugar
    en diferentes etapas, 78
    formas de, 88-89

kit básico de viaje, el, 72

lactancia materna, 44-45, 46
lavar y bañar al bebé, 34-37
lavarle el pelo al bebé, 36
lazos de unión con tu bebé, 24-28
llanto
    causas del, 62
    comprender, 60-64
    consolar, 63
    controlar, 63-64

mal comportamiento, frenar el, 114
manejo del bebé, reglas, para el, 31
masaje para el bebé, 26-27
médico
    cuándo acudir al, 121-122
    visita al, 121
mimar a tu bebé, 55
modelo a imitar, 110-111
mostrar cariño, 103-104

orinal, enseñarle a usar el, 94-96

pareja perfecta, la, 21
precauciones de seguridad
    general, 57
    para tu pequeño, 97-100
primeros auxilios, 125, 126
prioridades al nacimiento, 6
proteger a tu bebé, 56-58

rabietas, 115-117
reacciones emocionales, 14-15
reflejo
    de agarrar, 9
    de buceo, 9
    de marcha, 9
    de Moro (sobresaltos), 9
    de orientación y búsqueda, 9
    de succión, 9
regañar a tu hijo pequeño, 112
reglas de oro de la disciplina,
    112-113
relación, construir una, 102-103
relacionarte
    con tu bebé, 12
    con tu pareja, 18-22

responsabilidad, 14-15
rutinas para acostar al bebé,
    90-91

sacar el aire al bebé, 48, 50
salud,
    afecciones corrientes,
      123-127
    cuidar del bebé, 120-122,
      123-125
segundo hijo, 104-105
sillita de paseo, elegir la, 71
SMSL (síndrome de muerte súbita
    del lactante), 66
sociabilidad, problemas de, 117
sostener a tu bebé, 33
sueño, el, 8, 66-68

tareas de la casa, responsabilidad
    de, 28, 42
televisión, 87
temperatura, tomarle la, 122
tiempo en familia, aprovechar
    el, 107
tiempo muerto, 112-113

vallas para escaleras, 57
vestir a tu bebé, 40-43, 82-84
viajar
    con tu bebé, 70-72
    con tu hijo de entre 12 y 36
      meses, 92-93
    en coche, 71-72
vida sexual, tu, 19

Agradecimientos

Productos suministrados por
Mothercare.
Todos los productos están disponibles
en www.mothercare.com

Créditos de las imágenes

pp. 2 y 3 Camera Press/Eltern: p. 7
Terry
Allen/Photolibrary Group: p. 9
Camera Press/Eltern: p. 12
Photolibrary Group: pp. 16, 19, 21, 44
Getty Images: pp. 51 Camera
Press/Eltern: P 52 Getty Images
pp. 56 Camera Press/Richard
Stonehouse: p. 57
www.bloomingmarvellous.co.uk:
p. 58ar, a, 68, 70, 82, 84, 87, 88ar, 92-93
Getty Images: p. 97 Camera
Press/Richard Stonehouse: p. 102
Camera Press/Images 24: p. 108
Camera Press/Richard Stonehouse:
pp. 113, 121 Getty Images